Zardo · Zwecker

Cucina della Sardegna

Cucina della Sardegna

Kulinarische Entdeckungen auf Sardinien

Text Manuela Zardo
Text und Fotos Hellmuth Zwecker

Hugendubel

Die Deutsche Bibliothek – CIP-Einheitsaufnahme
Cucina della Sardegna : kulinarische Entdeckungen
auf Sardinien /
Manuela Zardo, Text. Hellmuth Zwecker, Text und Fotos. –
Kreuzlingen ; München : Hugendubel, 2000
ISBN 3-89631-255-3

Lektorat: Kristin Bamberg
Umschlaggestaltung: Zembsch' Werkstatt, München
Produktion: Maximiliane Seidl
Satz und Reproduktion: satz & repro Grieb, München
Druck und Bindung: Bosch Druck, Landshut
Printed in Germany

ISBN 3-89631-255-3

Inhalt

Santa Sabina bei Macomer

Einleitung

Sardinien ist groß, Sardinien ist leer, und Sardinien macht fast ein bißchen angst. Mit seinen 24 090 Quadratkilometern und seinen nur anderthalb Millionen menschlichen Einwohnern, die von den Schafen zahlenmäßig um das Doppelte übertroffen werden, wirkt die über weite Strecken karge und unwirtliche Berglandschaft abweisend, manchmal auch erschreckend. Fürchten muß sich der Fremde weder vor Banditenwesen noch vor Blutrache oder Entführung. Beim Anblick unendlich scheinender unbewohnter Hochebenen oder eines nach kilometerlanger Fahrt auftauchenden, menschenleeren Strandes kann einen jedoch leicht das beklemmende Gefühl des Alleinseins beschleichen. So ähnlich müssen sich Menschen früherer Jahrhunderte gefühlt haben, wenn sie fernab jeglicher menschlicher Behausung unterwegs waren oder nicht rechtzeitig eine Stadt erreichten und in der Nacht vor unüberwindlichen Mauern mit verschlossenen Toren standen.

Sardinien empfängt heute seine Gäste mit offenen Armen. Das war nicht immer so, denn man wußte: »Was vom Meer kommt, ist von Übel.« Mal in Gestalt der Phönizier, Etrusker oder Karthager, mal als Römer, Vandalen, Byzantiner, Sarazenen, Spanier oder Seefahrer irgendeines anderen Landes oder einer italienischen Republik kam das Übel immer wieder. Sardisch blieb das unwegsame Gebirge, Rückzugsgebiet und sicheres Versteck; die Weltgeschichte kam nicht weit über die Küstenregionen hinaus. Napoleon mußte als junger Artillerist sein erstes Gefecht hier bestehen. Und der alte Haudegen Admiral Nelson sprang auf einem verbliebenen und einem Holzbein in Sardinien auf sein Kommandoschiff und segelte von hier aus mit einem noch sehenden Auge in die Schlacht von Trafalgar und in den Tod. Im Inneren der Insel, die der Admiral als »die schönste des Mittelmeeres« betitelte, verging die Zeit in einem anderen Takt.

Die Römer nannten das Kernland der Insel, das sie nie ganz besetzen und beherrschen konnten, »barbarae«. Daraus wurde die heutige Barbagia, Barbarenland. Versklavte Sarden brachten sich lieber um, als daß sie den Mächtigen einer anderen Welt zu Diensten gewesen wären. Sie sind die Söhne eines rätselhaften Volkes, den »Shardana«, eines der wildesten unter den Völkern, die das Mittelmeer befuhren und unter denen schon Pharao Ramses II. seine Leibwächter heraussuchen ließ. Sie tauchten in den schweren Jahren zwischen 1300 und 1100 v. Chr. an allen Krisenherden auf. Das war die Zeit als Troja fiel, das mykenische und das Reich der Hethiter zerbröckelten und selbst Ägypten ungewohnte Schwierigkeiten erlebte. Sie raubten oder übernahmen den lokalen Seehandel. Ihre Bautechnik, von der in Sardinien noch etwa 8000 Nuraghen genannte riesige Steintürme zeugen, scheinen sie auch bei Militärbasen verwendet zu haben, wie man in El-Awat, in der Nähe von Haifa, bei neuesten Grabungen nachweisen konnte.

Vermentino, der Wein der Sarden

Linke Seite: *Unüberwindliche Mauern in Castelsardo*

Einsame Strände und wilde Berge

Schon zwischen 3500 und 3000 v. Chr. mußte es sich herumgesprochen haben, daß auf dem Weg in Richtung Sonnenuntergang ein Paradies zu finden war, eine riesige grüne Insel voller Süßwasser und Wild. Diese Nachricht ist offensichtlich in Anatolien auf fruchtbaren Boden gefallen. Aus diesem Landstrich der Hirten, des Bergbaues und der geometrischen Kelim, die den traditionellen sardischen Weberzeugnissen bis heute so ähnlich sind, müssen sie in mehreren Wellen gekommen sein, wie Archäologie und neueste Tests des Erbguts belegen, das sich in der DNA der Barbagia-Bewohner über Jahrtausende praktisch unvermischt erhalten hat (Cavalli Sforza – Menozzi – Piazza: »Storia e geografia dei geni umani«). Sie haben ihre Traditionen fortgeführt, Erze abgebaut, Schafe gezüchtet, Käse zubereitet und die Große Erdmutter verehrt, die bis heute im Matriarchat der Barbagia überdauert. Zum Fruchtbarkeitskult gehörte auch die Verehrung der heiligen Quellen, die, wie an vielen Stellen im Mittelmeerraum, innen ausgemauert wurden. Auf diese Weise begannen in Sardinien um das Jahr 1600 v. Chr. Steinlage um Steinlage aus dem Boden zu ragen. Sie wuchsen als Nuraghen mindestens acht Jahrhunderte lang, bis zu einer beeindruckenden Höhe von 27 Metern.

Eines der Standardvorurteile in der sardischen Archäologie lautet: die Sarden haßten das Meer, dem sie schon immer den Rücken zukehrten. Und doch sind die Beweise nicht mehr zu übersehen – zwischen 1600 und 500 v. Chr. befand sich die Nuraghen-Kultur im Zentrum des Metallhandels im Mittelmeerraum. Und bis in die Zeit vor 4000 Jahren reicht die Entdeckung zurück, daß von Sardinien bis in die Ägäis und nach Ugarit in

Syrien einheitliche Gewichts- und Längenmaße galten. Obwohl die Sarden oder Shardana auf diesem frühgeschichtlichen gemeinsamen Markt eine bedeutende Rolle spielten, verloren sie aus bisher ungeklärten Gründen, noch bevor die punischen oder römischen Flotten vor ihren Küsten auftauchten, die Fähigkeit zur Seefahrt.

Noch bis vor knapp 200 Jahren hatte ihr grünes Wunder inmitten des Meeres Bestand und unterschied sich gründlich von der Insel, an deren Strände heute Sommer für Sommer Millionen von Touristen pilgern. Die Insel war bedeckt mit schattigen Wäldern aus riesigen Eichen und Steineichen, manche so dick, daß sie sechs Männer gemeinsam nicht umfassen konnten. Das alles fand im 19. Jahrhundert ein rasches Ende, als man Sardinien zum Holzkohlelieferanten Italiens erkoren hatte. Allein zwischen den Jahren 1818 und 1875 wurden 200 000 Hektar Wald zerstört. Den Rest erledigen bis heute Brandstifter und Bauspekulanten, aber auch immer noch Schäfer, die ihre Feuer legen, wenn der heiße Scirocco aus dem Süden oder der kräftige Maestrale aus dem Norden wehen. Im Frühjahr können sie sich dann über das frische Grün freuen, das auf den brandgerodeten Flächen wächst. Der Wald hielt das Wasser, das die Flüsse und Lagunen speiste. Aus ihnen zog man prallgefüllte Netze mit Meeräschen. Im Schatten der Bäume lebten Rotwild und Wildschweine, in den Bergen wilde Ziegen und Mufflons. Ihnen allen hat der »Fortschritt« stark zugesetzt, ganz vernichtet hat er das einstmals grüne Herz des Mittelmeeres noch nicht.

Wenn man heute vom Sardinien der Sarden spricht, dann meint man, auch kulinarisch, jene Hirtenkultur, die trotzig und ungestüm an der eigenen Tradition festhält. Wenn man dagegen die Küstenregionen betrachtet, dann bewegt man sich lukullisch in der heiteren Welt der Katalanen, Pisaner oder Genuesen – Kulturen, die aus Fischergemeinden hervorgegangen sind. Diese beiden unterschiedlichen mediterranen Lebensformen sind das eigentliche Salz und die Würze der Mittelmeerküche und nirgendwo kann man dieses gemeinsame Erbgut besser herausschmecken als auf Sardinien.

Wie eine Pyramide im Meer – La Tavolara

Ristora
CONSORZIO
CENTRO CITTÀ

Gallura

Olbia

Olbia war immer schon das Tor der Insel zum »Continente«, wie die Sarden das italienische Festland beharrlich nennen. Die ideale natürliche Landestelle in der geschützten Bucht haben wohl schon die Griechen entdeckt, an die noch der Ortsname erinnert. Einen richtigen Hafen haben aber erst die Karthager um 350 v. Chr. hier angelegt. Seit 259 v. Chr. bemühten sich die Römer wiederholt, hier auf der Insel Fuß zu fassen, was ihnen endgültig erst 111 v. Chr. gelang. Zwischen dem römischen Hafen Ostia und Olbia lag die geringste Zahl an Seemeilen, die man vom Festland aus zurücklegen mußte, um auf die Insel zu gelangen.

Heimkehr von der Muschelernte

Die heutigen Römer und der überwiegende Rest ihrer italienischen Landsleute setzt vom modernen Fährhafen Civitavecchia aus über, etwa 70 Kilometer nördlich der Hauptstadt gelegen. Die meisten würdigen Olbia nicht einmal ein paar Stunden, sie fahren schnurstracks und ohne Umwege zu ihrem Urlaubsdomizil, in dem sie meist auch ihre komplette Ferienzeit verbringen. Die wenigen Individualisten, die sich weder in die halbgöttliche Scheinwelt des Aga Khan noch im Club X oder Y einsperren lassen, die die Insel auch in ihrer kulinarischen Vielfältigkeit kennenlernen wollen, denen sei allerdings dringend ein erster Stopp in Olbia angeraten. Wenn man die Küche Sardiniens mit einem reich instrumentierten musikalischen Bühnenstück vergleichen will, dann spielt die Ouvertüre, die alle Themen des Werks bereits anklingen läßt, ganz ohne Zweifel in Rita Denzas Ristorante Gallura.

Eine kulinarische Institution – Rita Denza

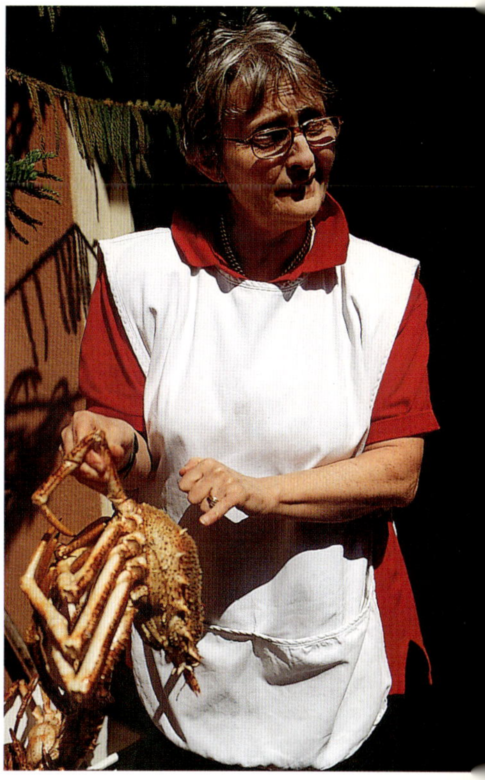

Den Namen hat diese kulinarische Bühne von der Landschaft im Rücken der Stadt. Wenn man sich hier zu Tische setzt, dann möchte man den sprachlichen Ableitungen glauben, die den Namen Gallura auf die korsischen Einwanderer des 17. Jahrhunderts zurückführen, die Gallier, die dann möglicherweise die hier anzutreffende hohe Eßkultur mit zu verantworten hätten. Allerdings sprechen die Tatsachen dagegen. Die Bezeichnung »Gallul« taucht schon um 1000 n. Chr. auf, und Rita stammt nicht aus einer französisch, sondern aus einer neapolitanisch geprägten Umgebung.

Großvater Giuseppe wurde in Castellammare di Stabia geboren, wo bis heute einige der besten Pastasorten Italiens herkommen. Er war sowohl der letzte von 21 Kindern als auch einer der letzten *monzù*, jener sagenhaften Köche, die in den Küchen der neapolitanischen Aristokraten und Großbürger zauberten. Seinen Sohn zog es in die weite Welt, aber vom väterlichen Handwerk wollte er nicht lassen. Er wurde Koch bei der italienischen Speise- und Schlafwagengesellschaft. Seit 1925 trug er sich mit dem Gedanken, in Sardinien seßhaft zu werden, und nach dem Krieg erwarb er in Olbia das zerbombte Hotel Gallura. Auch seine Tochter Rita sollte die Welt außerhalb der Insel kennenlernen. Er schickte sie zur mütterlichen, venezianischen Verwandtschaft, die sich allerdings schon vor

Cozze allo yogurt
Miesmuscheln mit Joghurt

Für 4 Personen

1 1/2 kg Miesmuscheln
1/2 Stange Lauch
2 Stangen Staudensellerie
4 EL (Ziegen-)Joghurt
3 EL Mayonnaise
2 EL heller Senf
1 TL Senfkörner
1 EL Zucker
1 EL Balsamico
2 EL Weißweinessig
5 Tropfen Tabasco
Salz
2 EL fettarmer Joghurt

Muscheln waschen und in einem Topf etwas Wasser erhitzen. Muscheln dazugeben, Topf zudecken und warten, bis alle Muscheln sich geöffnet haben. Fleisch aus den Schalen lösen und kalt werden lassen. Das beim Erhitzen ausgetretene Wasser der Muscheln filtern und beiseite stellen. Lauch und Sellerie in feine Streifen schneiden und in eine Schüssel mit Ziegenjoghurt, Mayonnaise, Senf, Senfkörnern, Zucker, Balsamico, Weißweinessig, Tabasco und Salz geben. Alle Zutaten gut vermischen. Wenn die Sauce zu fest wird, fettarmen Joghurt und etwas Wasser von den Muscheln dazugeben. Dann die Miesmuscheln hinzufügen und vorsichtig vermengen. 30 Minuten im Kühlschrank ruhen lassen. Als Vorspeise kalt servieren.

längerer Zeit im deutschen Schwabenland niedergelassen hatte. Nach sieben Jahren kehrte sie zurück, mit schwäbischem Zungenschlag und dem unbeugsamen Willen zu kulinarisch-eklektischen Höchstleistungen. Alles, was Sardinien gastronomisch zu bieten hat, was die vielen Ankömmlinge vom Festland dazugegeben haben, was sie aus der venezianischen Tradition bei der Großmutter gelernt hatte und selbst was ihr im Spätzle-Land begegnet war, wurde zum Material für ihre täglichen Auftritte.

Schnell hatte sie begriffen, daß ein Koch kein Solist sein kann, und übernahm deshalb die Rolle der taktgebenden ersten Geige. Sie wirbelt durch die Küche, um dort Hand anzulegen, wo es notwendig ist, und kümmert sich nebenbei um ihr 16-Zimmer-Hotel. Sie versorgt jeden Gast mit ausführlichen Informationen zu Speis und Trank und mit dem schönen Gefühl, in ihrer kleinen kulinarischen Höhle mit den sardischen Korktapeten auch wirklich willkommen zu sein. Und sie pflegt die so wichtigen Außenkontakte, den Schwatz und das harte Feilschen mit den *fornitori*, den Lieferanten, im täglichen Kampf um die besten Zutaten, die nur der bekommt, der genau weiß, wonach er zu suchen hat.

Den richtigen Fisch und beste Schalentiere liefern die Fischer vom Golfo Aranci, die ursprünglich aus Ponza, einer winzigen Insel zwischen Rom und Neapel, stammen und hier eine kleine Kolonie bilden. Ein Festtag, wenn sie einige *capre marine* mitbringen, die wunderbaren Meeresspinnen, die man andernorts in Italien *granseola* und in der Toskana *margherita* nennt. Die sardischen Exemplare sind besonders groß und an ihrem gut gewölbten Panzer und dessen pelziger Oberfläche leicht von Importware zu unterscheiden. Das besonders schmackhafte Weibchen erkennt man an den Eiern und den kürzeren Beinen. Wenn man Rita dazu animieren kann, aus dem in Stücke geschnittenen Innenleben einer Meeresspinne mit etwas Knoblauch, Wein, Tomaten und Basilikum eine Pastasauce zuzubereiten, bleibt für den Abend kulinarisch schon nichts mehr zu wünschen übrig.

Ein buntes Ballett – die Schwimmer der Muschelkulturen

Tagliolini rosa con le triglie

Rosarote Tagliolini mit Meerbarben

Für 4 Personen

Für den Teig:
300 g Mehl
2 Eier
1/2 TL Salz
1 TL Tomatenmark

Für die Sauce:
500 g Meerbarben
8 EL Olivenöl extra vergine
2 Knoblauchzehen, fein gehackt
1 Frühlingszwiebel, fein gehackt
1 kleine weiße Zwiebel, in feinen Streifen
1 Zitronenschale, fein geschnitten
2 Zweige Dill, abgezupft
1 Glas Weißwein
5 reife Tomaten, gehäutet und gewürfelt
6 Basilikumblätter
1/2 Bund Petersilie
1 Gläschen Anislikör
1 Peperoncino, klein
Salz

Zutaten für die Nudeln zu einem festen Teig gut verkneten. Den Teig in einem feuchten Tuch mindestens 30 Minuten ruhen lassen. Teig ausrollen und in feine Streifen schneiden und auf einem bemehlten Holzbrett ausbreiten.
Meerbarben schuppen, öffnen und Innereien sowie Kopf und Schwanz entfernen. In einer Pfanne 4 Eßlöffel Olivenöl erhitzen und die Meerbarben 5 Minuten darin vorsichtig anbraten. Abkühlen lassen und entgräten. Zwiebeln im restlichen Öl anbräunen. Meerbarbenfleisch, Zitronenschale, Dill und Weißwein hinzufügen, den Alkohol verdunsten lassen. Die Tomaten dazugeben und 15 Minuten köcheln. Kurz vor Ende der Garzeit Basilikum, Petersilie, Anis und Peperoncino hinzufügen, salzen. Tagliolini al dente kochen, abgießen und in der Pfanne mit der Sauce wenden. Sofort servieren.

Dumm nur, daß da ein prächtig überladenes Buffet mit einer Unzahl weiterer Köstlichkeiten unübersehbar in der Mitte des Raumes steht und auch andere Lieferanten sich ihrer Produkte beileibe nicht zu schämen brauchen. Die sardischen Brüh- oder Knet-Käse, die sie hier *perette* nennen, liefert Mamma Mariangela. Sie hat schon als Kind begonnen, Käse zu machen, und steht noch heute, mit weit über 80 Jahren, täglich munter in der Käserei »Fogu casearia« bei Oschiri, die heute von ihrer Tochter Caterina samt Ehemann betrieben wird. Über all die Normen und Direktiven aus Brüssel und aus Rom, die neuerdings zu beachten sind, und vor allem über die Inspektoren, die fast täglich mit wichtigem Gesicht ins Haus schneien und vom Käsemachen gar nichts verstehen, kann sie nur den Kopf schütteln. Die Laune läßt sie sich dadurch nicht verderben, zumal sie sich heute heraussuchen kann, welche Arbeit sie machen möchte. Und das

Meisterin im Käsekneten – Mamma Mariangela

Moscardini al vino rosso
Kleine Kraken in Rotwein

Für 4 Personen

1 kg kleine Kraken
Olivenöl extra vergine
1 rote milde Zwiebel
3 Knoblauchzehen
2 EL Olivenöl extra vergine
4 Lorbeerblätter
4 Salbeiblätter
1 Rosmarinzweig, abgezupft
1 Flasche Cannonau (oder anderer körperreicher Rotwein)
1 Peperoncino
1 TL Zucker
2 EL Fischfond
1 EL Maizena

Kraken waschen. In einer Pfanne die feingehackte Zwiebel und den Knoblauch in heißem Öl anbräunen. Die Lorbeerblätter, den Salbei und die Rosmarinnadeln hinzufügen. Die Kraken einzeln hineingeben, damit sie sich ringeln, mit Wein bedecken und etwa 20 Minuten ohne Deckel garen. Peperoncino, Zucker, Fischfond kurz vor Ende der Garzeit dazugeben und am Ende mit Maizena binden. Mit Polenta servieren.

ist entschieden das Formen des elastischen Käseteigs, aus dem man traditionell birnenförmige, an einer Schnur hängende Gebilde herstellt, die man früher zur Kühlung in kaltes Wasser hängte. Sie aber formt den gut gekneteten Käsebruch mit großem Vergnügen zu kleinen Schweinchen, Zöpfen oder ähnlichem. Die *peretta* wird frisch konsumiert. Besonders gut schmeckt sie halbiert, auf dem Grill angeschmolzen und mit Honig garniert.

Die Miesmuscheln, für die Olbia seit mehr als 50 Jahren gerühmt wird, wurden von Muschelzüchtern aus dem apulischen Taranto mit so großem Erfolg hier angesiedelt, daß sich heute alle ankommenden Schiffe vorsichtig ihren Weg durch unzählige vielfarbige Schwimmer bahnen müssen, an welchen die Muschelkulturen hängen. Rita bezieht ihre Muscheln von Salvatore Giua, der zusammen mit Sohn Christian und 25 Angestellten täglich seine Meeresfrüchte entsprechend den Vorbestellungen erntet. Die

Die Muscheln wachsen und werden in größere Netze umgefüllt

Links: *Frisch und köstlich – Miesmuscheln aus dem Golf von Olbia*

Muscheln wachsen in bis zu drei Meter langen, schlauchförmigen Netzen in schlammigem, flachem Gewässer, das in der Bucht von Olbia eine Idealtemperatur hat. Im Laufe eines halben Jahres durchwachsen sie etwa vier Mal ihre Netze und werden deshalb jedesmal in großmaschigere umgefüllt. Nach der Ernte werden die untereinander verwachsenen Muscheln an Land getrennt, gewaschen und in großen Tanks mit Meereswasser und desinfizierenden Zusätzen, u. a. Chlor, über Nacht gereinigt, am nächsten Tag verpackt und in Kühlwagen verschickt. Jetzt müssen sie, solange sie noch leben, in etwa drei bis vier Tagen gegessen werden. Bei Rita stehen sie selbstverständlich noch am ersten Tag auf dem Tisch.

Die beste Wachstumsperiode für Muscheln ist die kühlere Jahreszeit. Deshalb hat man im Mai/Juni die größten Muscheln, deren Farbe übrigens nichts über ihre Qualität aussagt, sondern abhängig von ihrer Lage im Netz und folglich der Nähe zum Licht ist. Um die besten Muscheln des Jahres gebührend zu feiern, hat Rita ihre *cozze con lo yogurt*, Miesmuscheln mit sardischem Joghurt, kreiert, garniert mit Senfkörnern, Staudensellerie und Lauch. Auch die *moscardini* haben dann in der Küche ihre beste Zeit, nachdem sie den Winter in großen Tiefen verbracht haben und jetzt in die Küstengewässer zurückgekehrt sind. Rita bereitet sie *in umido*, mit drei verschiedenen Sorten von Zwiebeln, Rotwein und Rosmarin. Wem das noch nicht ausgefallen genug ist, der sei herzlich dazu eingeladen, seine Gastgeberin noch etwas mehr herauszufordern. Fragen Sie hinter vorgehaltener Hand und mit verschwörerischer Miene nach *anemoni di mare*, *orziadas* auf sardisch, den sinnlich weichen, in Grieß gewendeten und in heißem Öl fritierten Seeanemonen, oder nach *ostriche*, den so seltenen sardischen Austern, die sie hier auch *ostioni* oder *burdu* nennen. Rita wird Sie sofort in ihr Herz schließen und Ihnen weitere Geschmacksnerven kitzeln, sich aber auch nicht scheuen, die angemessene Rechnung zu präsentieren. Entschieden günstiger gestaltet sich der Preis bei den traditionellen sardischen Gerichten. Das sind im Raum Olbia zahlreiche Fleischsuppenvarianten mit Kohl, Bohnen und Zwiebeln. Ein typisches Pastagericht sind die *ciusoni*, aus Hartweizengrieß und Wasser, die wie Gnocchi geschnitten werden und auf einer Käsereibe gerollt, um eine rauhe Oberfläche zu bekommen. Damit können sie schön viel *salsa grisadu* aufnehmen, eine Fleischsauce, die mit Zicklein, Lamm oder Kalbfleisch zubereitet wird und die im Frühjahr ganz unverwechselbar schmeckt, wenn ihr die wilden Zwiebeln ihr besonderes Aroma, kräftiger als Gemüsezwiebeln und milder als Schalotten, mitgeben.

Der Nudelmacher kommt dreimal die Woche zu Rita, ein farbenfroher Mensch, dem es größtes Vergnügen bereitet, den langweilig hellen Teig mit Rucola, Brennesseln oder frischen Steinpilzen, die es ab Juli gibt, kräftig zu kolorieren. Besonders delikat sind die zart rosaroten, mit Tomaten eingefärbten Nudeln, die mit einer ausgefallenen und trotzdem schmackhaften Sauce aus Meerbarben mit etwas Anislikör kombiniert werden. Im August ist die Zeit für *pecora in cappotto*, gekochtes Schaffleisch. Etwas früher steht *capretto con i carciofi*, Zicklein mit Artischocken, auf der Speisekarte, etwas später folgt *agnello con i cavolfiori*, Lamm mit Blumenkohl.

Gioddu

Sardischer Joghurtpudding

Für 4 Personen

2 Blatt weiße Gelatine
1/3 l Crème double
Salz
40 g Zucker
1/2 Päckchen Vanillezucker
1/8 l Vollmilchjoghurt
1 Gläschen Limoncello (Zitronenlikör)

Gelatine in kaltem Wasser einweichen.
Crème double mit einer kräftigen Prise Salz, Zucker und Vanillezucker langsam erhitzen, aber nicht kochen. Gelatine gut ausdrücken und in der heißen Flüssigkeit auflösen.
Joghurt und Limoncello mit dem Schneebesen aufschlagen und unterrühren. Die Creme auskühlen lassen und dabei öfter umrühren. Durch ein Spitzsieb in eine angefeuchtete Puddingform gießen. Über Nacht kühl stellen.
Vor dem Servieren die Form kurz in heißes Wasser tauchen, den Pudding stürzen und mit Fruchtpürees oder bitterem sardischen Honig servieren.

Frische Nudeln – ein farbenfrohes Spiel

Su Barchile
Orosei

Von Olbia auf dem Weg nach Süden könnte man einen steifen Hals bekommen. Der Blick nach links lenkt immer wieder von dem auf die Straße ab. Die blitzsauberen Strände südlich von Porto S. Paolo, bei S. Teodoro, Budoni oder Posada könnten schöner nicht sein. Das ein oder andere »stagnu« genannte Gewässer schiebt sich schützend zwischen die Straße und die blendend weißen Sandbänder, verhindert den allzu leichten Zugang und macht das Bild noch vollkommener. Als würde das nicht genügen, schwebt dahinter im Wasser ein pyramidales Etwas – die Insel Tavolara. Sie hat den Ankömmling schon bei der Einfahrt in den Golfo di Olbia begrüßt, gab sich aus dieser Perspektive aber noch als zackiger Rücken eines träge im Wasser liegenden Drachen.

Gerne erzählt man dem Fremden die Geschichte des Königs von Tavolara. Gegen Ende des 18. Jahrhunderts landete Giuseppe Bertoleoni auf der Insel. Er war als Schmuggler und Abenteurer in die Jahre gekommen und erkor sich den unbewohnten Felsen zum Alterssitz. Bis zu seinem Tod gründete er noch eine Familie, legte einen Garten an, züchtete Ziegen und fischte im reichen Gewässer vor der Haustür. Im Jahre 1848 war längst sein ältester Sohn Paolo Familienoberhaupt, als sich ein seltsamer Gast auf dem Felseneiland einfand. Es war Carlo Alberto von Savoyen, König von Sardinien und Piemont, der in das königliche Jagdrevier gekommen war, um wilden Bergziegen nachzustellen. »Der König von Tavolara grüßt den edlen König von Sardinien«, rief ihm Paolo entgegen, ganz in dem Bewußtsein, das jeder Sarde teilt, König im eigenen, wenn auch bescheidenen Hause zu sein. Der gekrönte Monarch blieb drei Tage und, hochgestimmt durch reichlich Langusten, Fisch und Ziegenbraten, die der Hirte ihm servierte, verabschiedete er sich von Paolo mit der »offiziösen« Erklärung: »Ich ernenne dich zum König der Insel, deine Söhne zu Prinzen und deine Töchter zu Damen des Meeres.« Paolo nahm das wörtlich und malte sich ein stolzes Wappen auf sein Haus. Das blieb nicht unbeobachtet und war auch bald der Weltpresse eine Nachricht wert. Selbst im Archiv des Buckingham Palace wird eine Fotografie der »königlichen Familie Bertoleoni« aufbewahrt. Auf dem kleinen Inselfriedhof prunken kronenähnliche Gebilde auf den Grabsteinen und, in Ermangelung eines Volkes, regiert noch heute ein König Paolo II. über seine eigene Familie. In logischer Anknüpfung an die Verdienste seines Ahnherrn hat er sich dem leiblichen Wohl der Inselbesucher verschrieben, die täglich mit einigen Schiffen von Porto S. Paolo aus zu einem ungetrübten Badeerlebnis übersetzen. Der Feinschmecker sollte es dabei belassen, denn sowenig die heutigen Badegäste gekrönte Häupter sind, sowenig entspricht das Aufgetischte den ursprünglichen Genüssen, die selbst den verwöhnten Gaumen eines Monarchen erfreuen konnten.

Golfo di Orosei
(auch Bild linke Seite)

Schafe – die wahren Regenten der Insel

Sogliola al pecorino
Seezunge mit Schafskäse

Für 4 Personen

4 Seezungen
200 g geriebener Schafskäse (ersatzweise Parmesan)
50 g Butter

Seezungen enthäuten und in einer Pfanne in 25 Gramm Butter anbraten. Käse darüberstreuen und mit Butterflocken belegen. Hitze auf das Minimum reduzieren und Deckel auf die Pfanne geben. Nach 5 Minuten Herd ganz hoch schalten und weitere 5 Minuten garen.

Die Suche nach unverfälschter sardischer Küche führt uns weiter nach Süden und läßt uns in Su Barchile in Orosei fündig werden. Der Name stammt von den Wannen, die im Keller vieler Häuser des Ortes standen. Die Hirten der umliegenden Berge brachten ihre frischen Käseformen hierher, damit sie in den kühlen Gewölben in salziges Meerwasser eingelegt werden, reifen und vom kleinen Hafen aus bis zum Festland hinüber verschifft werden konnten. Man verwendete Meerwasser, weil getrocknetes Salz Staatsmonopol und deshalb nur gegen Bezahlung zu bekommen war. Dieser so erzeugte Käse wurde *pecorino romano* genannt, also nach Art der antiken Römer hergestellter Schafskäse. Er hatte einen sehr salzigen Geschmack und war ein ideales Würzmittel, mit dem sich das noch lange Zeit sehr teure Salz prächtig ersetzen ließ. Das erklärt auch die heute noch verbreitete Unsitte, sich über allerlei Nudeln geriebenen Käse zu löffeln.
In unseren Tagen ist *pecorino romano* einer der wichtigsten Exportartikel Sardiniens. Käse dieses Namens dürfen nur auf Sardinien und, auf dem Festland, in den Landkreisen von Frosinone, Grosseto, Latina, Viterbo und Rom hergestellt werden. Die weitaus größte Menge dieses hervorragenden Speisekäses entspringt aber den Eutern der über drei Millionen sardischen Schafe. Moderner Pecorino schmeckt heute wesentlich weniger salzig, da er nicht mehr im Salzbad behandelt, sondern *al secco* bearbeitet, d. h. während der Reifungszeit mehrmals mit Salz eingerieben wird. Er wird in der Laktationszeit der Schafe zwischen Oktober und Juni produziert und gilt für die ersten drei Monate als frisch. *Medio stagionato* oder *stagionato* ist er in der Zeit bis zu einem Alter von etwa acht Monaten und schmeckt dann besonders gut mit etwas Olivenöl extra vergine beträufelt,

frisch gemahlenem Pfeffer und ein paar Tropfen Balsamico. Anschließend ist er ein wunderbarer Reibekäse, mit dem Maria Loi ihre in der Pfanne gebackene Seezunge in eine überraschende Köstlichkeit verwandelt.
In ihrem Haus stand also die Salzwasserwanne, und außerdem gab es da noch die Bar am Platz. Maria selbst hatte von ihrer Mutter die Lust am Kochen geerbt und die felsenfeste Überzeugung, daß etwas Gutes nicht nur ihr, sondern auch anderen Menschen schmeckt. Beste Voraussetzungen also für die Entstehung eines anfänglich kleinen, heute in der Größe respektablen Restaurants, auf dessen schilfgedeckter Terrasse man an vielen Abenden bis zu 60 Gäste beobachten kann, die es sich gutgehen lassen. Da im Haus noch Platz war und das örtliche Angebot an Unterkunft nicht sonderlich groß, war die Entstehung des kleinen Hotels nur ein weiterer logischer Schritt. Wenn die Zimmer nicht gerade von der angereisten amerikanischen Verwandtschaft belegt sind, die, wie könnte es auch anders sein, in Houston und in Dallas sardische Restaurants betreibt, dann lohnt sich durchaus eine Übernachtung. Nicht nur, weil Tochter Antonella zum Frühstück *frue* serviert, was nichts mit früh aufstehen zu tun hat, sondern wohlschmeckende Dickmilch vom Schaf oder der Ziege ist. Der Name kommt von dem Korkbehälter, in dem früher die Sauermilch angesetzt wurde. Heute wie damals läßt man sie etwa zwei Tage lang stehen, bis sie die richtige Dicke und Säure erreicht hat, um sie dann mit einem Stück *pane carasau* aufzunehmen und mit etwas Honig zu süßen.
Auch die Umgebung ist voller lohnender Ziele, neben Stränden und den wilden Bergen gibt es einen interessanten Marmorbruch. Sollte man im September in der Gegend sein, dann darf man sich die Wallfahrt zu »Nostra Signora del Rimedio« nicht entgehen lassen. Grazia Deledda, die einzige Literatur-Nobelpreisträgerin Italiens, hat ihr, in ihrem Roman »Canne al vento«, ein schriftstellerisches Denkmal gesetzt. Die Wallfahrtsstätte, die in kleinen numerierten Häusern den angereisten Pilgern auch eine Übernachtungsmöglichkeit bietet, ist auch zu anderen Zeiten ein

Maccarones de busa agli scampi
Hausgemachte hohle Spaghetti mit Scampi

FÜR 4 PERSONEN

Für den Teig:
400 g Hartweizenmehl
1 TL Meersalz
(ersatzweise 400 g Bucatini)

Für die Sauce:
12 Scampi
4 EL Olivenöl extra vergine
1 Knoblauchzehe, fein gehackt
1 Peperoncino
1 Schuß Cognac oder Brandy
2 reife Tomaten, enthäutet und gewürfelt
3 Basilikumblätter
etwas Petersilie, gehackt

Das Mehl mit etwas heißem Wasser, in dem das Salz aufgelöst wurde, so lange durchkneten (am besten auf einer Holzunterlage), bis der Teig weich, trocken und elastisch ist. Teig zudecken und 1 Stunde ruhen lassen. Aus dem Teig eine lange Schlange formen und diese in etwa 1 Zentimeter große Stücke schneiden. Den Teig um eine mitteldicke Stricknadel rollen, die anschließend herausgezogen wird. Die Nudeln trocknen lassen und in reichlich Salzwasser al dente kochen.
Scampi halbieren und in einer Pfanne mit Öl, Knoblauch und Peperoncino anbräunen. Cognac dazugeben und verdunsten lassen. Tomaten, Basilikum und Petersilie hinzufügen und wenige Minuten köcheln lassen.
Die Nudeln in die Pfanne geben und wenden.

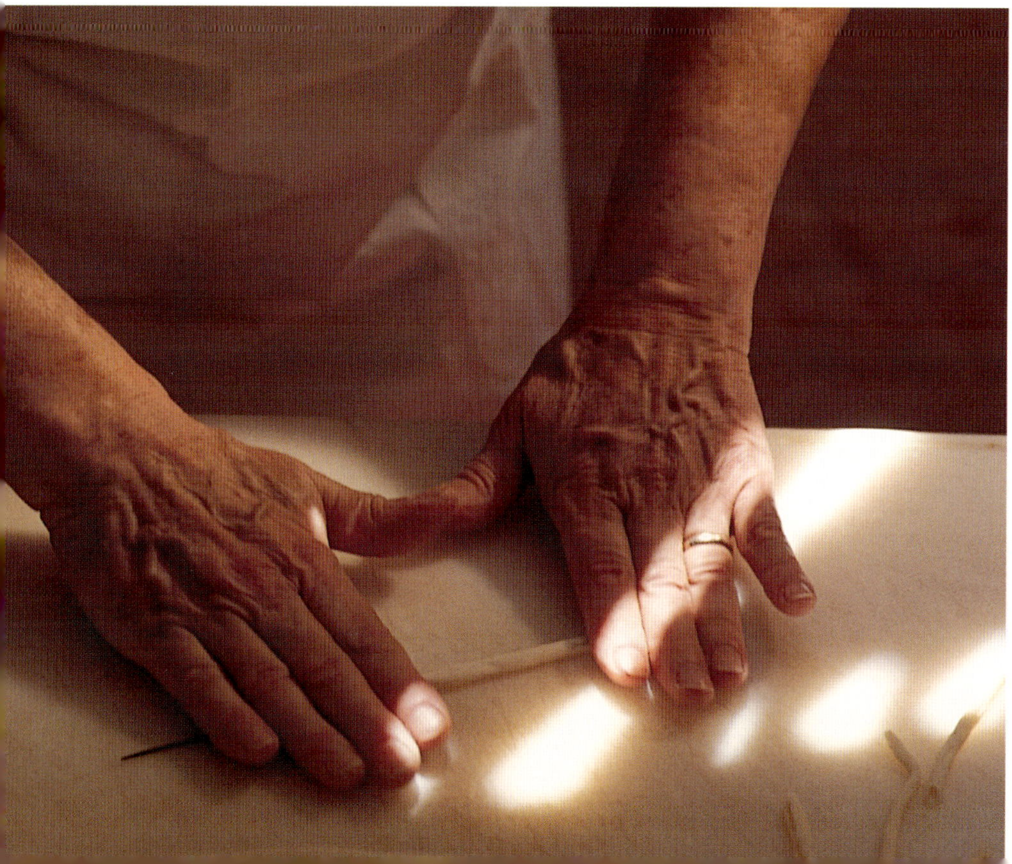

Maria macht maccarones

Culurgiones con la ricotta
Süße Ricottaravioli

Für 4 Personen

Für den Teig:
200 g Hartweizenmehl
40 g Zucker
40 g Schmalz
1 Eigelb

Samenöl

Für die Füllung:
200 g Ricotta
40 g Zucker
1 EL Zitronenschale, gerieben
1 EL Kirschlikör
30 g Rosinen

Die Zutaten für den Teig vermengen, gut durchkneten und mindestens 30 Minuten ruhen lassen.
Zutaten für die Füllung ebenfalls gut vermischen.
Aus dem Teig 2 Bahnen ausrollen, 12 Häufchen der Füllung auf die erste Bahn verteilen, mit der zweiten bedecken und mit einem Glas über den Häufchen 12 Kreise ausstanzen. Ränder gut zusammendrücken. Im Samenöl fritieren, bis die Teigtaschen goldgelb sind.
Mit Honig servieren, nach Möglichkeit mit *miele di corbezzolo*, sardischem Bitterhonig.

melancholisch schönes Ausflugsziel. Und vor allem ist das verwinkelte Orosei selbst ein schöner Ort. Das ist keine Selbstverständlichkeit wie auf dem italienischen Festland, wo man oft die Schönheit einer Ortschaft fast zu erwähnen vergißt, weil fast alle, zumindest in ihrem historischen Kern, schön sind. In Sardinien ist das leider nicht der Fall. Fürchterlich hat in vielen Gemeinden der Beton im Verein mit billigsten Fertigbauteilen gewütet. Hier in Orosei freut man sich an diversen barocken Kirchen, einem Castello, einfachen Wohnhäusern, vor welchen oftmals noch die alten Frauen in ihren Trachten sitzen. Manchmal haben sich auch noch die traditionellen Schilfdecken unter der Dacheindeckung erhalten. Einige hübsche bescheidene Patrizierhäuser gewähren einen Blick in ihre üppig bewachsenen Gärten und Höfe.
Tourismus gibt es noch wenig, und das örtliche Kunsthandwerk, hauptsächlich Keramik und Weberei, hat die Schwelle zum unerträglichen Kitsch erst mit halbem Fuß überschritten. Der weite Sandstrand vor der ausgedehnten Uferebene ist wenig frequentiert, im Flußdelta des Cedrino gibt es noch lokale Fischer und drum herum eine üppig grüne Landwirtschaft. Diese ist auch die Lieblingsbeschäftigung von Marias Ehemann

Pietro Chessa, der nach getaner Arbeit strahlend mit der Tagesernte in die Restaurantküche zurückkehrt – *piselli e carciofi*, Erbsen und Artischocken, von November bis Mai, *melanzane*, Auberginen, kann er sogar bis November ernten. Auch *agrumi*, allerlei Zitrusfrüchte, reifen in seinem Garten schön aus, denn das Klima ist warm. Im Sommerhalbjahr und darüber hinaus regnet es praktisch nie. Das gibt herrliche hausgemachte Marmeladen, vor allem die aus den eigenen Clementinen mag Pietro besonders gerne, auch die Trauben aus dem eigenen Weinfeld. Mit großer Hingabe pflegt er seine Olivenbäume, denn der Verzehr von Olivenöl war bis vor gar nicht allzu langer Zeit ein Privileg der Reichen. Die armen Leute verwendeten Schweineschmalz und das sehr fette und bittere *olio di lentischio*, das aus den kleinen Früchten des Mastix-Baumes gewonnen wurde. Aber auch das Olivenöl hatte noch vor wenigen Jahren eine heute kaum noch denkbare Säure von fünf bis sechs Prozent, denn es gab wenige Ölmühlen, und die Früchte fermentisierten heftig vor dem Pressen. Heute werden auch in Sardinien bemerkenswert gute Öle erzeugt, deren Säure, das eigentliche Qualitätsmerkmal von Olivenöl, die für Olivenöl extra vergine zulässige Obergrenze von einem Prozent oft wesentlich unterschreitet.

Barock und von seltener Schönheit – das verwinkelte Orosei

Wirt, Bauer und Fischer – Pietro Chessa

Nostra Signora del Rimedio – eine Bleibe für müde Wallfahrer

Ähnlich dem toskanischen Öl hat es einen dezidierten Geruch nach rohen Artischocken. Und dann seien noch die *fichi neri* erwähnt, die zuckersüßen blauen Feigen, die es Pietro besonders angetan haben, da man sie gleich zweimal ernten kann, im Juni und gegen Ende August.

Da Pietro kein einseitiger Mensch ist, betreibt er zum Ausgleich zur landwirtschaftlichen Arbeit noch etwas Fischfang. Fast täglich fährt er mit seinem Filius Beppe hinaus in den Golf von Orosei und kehrt nie mit leeren Händen zurück. Maria verarbeitet natürlich in ihrer Küche wesentlich mehr Fisch und muß sich deshalb mit allen Fischern von Orosei gut stellen, die ihr die frischen *spigole, sogliole e mormore* bringen, die edlen Wolfsbarsche, die delikaten Seezungen oder die frischen Marmorbrassen. Die im Mittelmeer, wegen des relativ hohen Salzgehaltes seines Wassers, besonders aromatischen Wolfsbarsche verwendet Maria gerne, zusammen mit *gamberetti*, als Füllung für ihre mit Sepiatinte gefärbten schwarzen Ravioli, die sie mit zerlassener Knoblauchbutter und *bottarga di muggine*, dem sardischen Kaviar, abschmeckt. Die Marmorbrasse ist etwas fetter und deshalb der ideale Grillfisch.

Oben: *Ein frischer Tropfen …*

Unten: *… und die* maccarones a ferritus

Da die meisten ihrer Gäste der Meeresküche verfallen sind, macht Maria selbst das sardischste aller Nudelgerichte, die *maccarones de busa,* nicht wie üblich mit einer Fleisch- oder Tomatensauce, sondern mit Languste. Oder sie bereitet sie »su Barchile« zu, d. h. mit Gamberi und Venusmuscheln. Besonders delikat ist die Variante mit frischen Scampi. Die Nudeln macht sie mit aller Hingabe in der ganz traditionellen Manier, täglich und per Hand. Dabei wird der Teig aus Hartweizenmehl, Wasser und Salz kräftig geknetet, ruhen gelassen, ausgezogen und dann um eine Stricknadel gerollt, weshalb man sie auch *maccarones a ferritus* nennt, Eisenmakkaroni. Jedesmal wird die Nadel sofort herausgezogen, und es entsteht so eine hohle Nudel ähnlich den *bucatini*. Diese kochen sich schön gleichmäßig und nehmen den Geschmack der Sauce besonders gut auf. Für gelangweilte Kinder am Tisch bieten sie darüber hinaus die willkommene Gelegenheit, zu sehr in ihre Gespräche vertiefte Erwachsene mit entsetzlichen Schlürfgeräuschen wieder auf sich aufmerksam zu machen. Nicht weniger verbreitet sind die *culurgiones* oder *culingiones*, sardische Ravioli mit unterschiedlichsten Füllungen. Maria weiß daraus eine köstliche Nachspeise zu bereiten.

Aber selbst wenn das alles gute Gründe sind, in Orosei oder Umgebung Station auf einer Sardinienrundreise zu machen, es gibt noch einen wichtigeren. Der Golf, dem das Städtchen seinen Namen gegeben hat, gehört mit seinen steilen Kalkfelswänden und traumhaften Sandbuchten, die man meist nur mit dem Boot erreichen kann, zu den überwältigendsten Naturschauspielen der an Naturschönheit sicherlich nicht armen Insel Sardinien. Das Wasser ist azurblau oder türkis und so glasklar, daß man bis zum Meeresgrund tief unter einem blickt. Man kann es kaum erwarten, daß das Badeboot, das man in Orosei, in Cala Gonone oder auch weiter im Süden in Arbatax bestiegen hat, eine erste Pause einlegt. Pflichtetappe für alle ist der Strand von Cala Luna, der als einer der schönsten des Mittelmeers gehandelt wird. Er liegt zwischen verwitterten Felshängen und Oleander- und Wacholderwäldchen im Hintergrund. Von seiner »Frühgeschichte« als Hippie-Idyll und Aussteigerrefugium ist wenig geblieben. Alternativtouristen verbrachten in dem weit eingeschnittenen Tal oft den ganzen Sommer. Heute ist das Übernachten in der Bucht verboten, und tagsüber freut sich der Ausflügler über den bescheidenen Luxus einer kleinen Kneipe hinter dem Strand. So gut wie jedes Badeboot legt auch bei ruhiger See in der »Grotta del Bue Marino«, der Mönchsrobben-Höhle, an. Früher lebten diese »Meerochsen« in der etwa einen Kilometer tiefen Tropfsteinhöhle, die sich ein unterirdischer Fluß in den Kalkstein gegraben hat. Heute haben diese scheuen Tiere im Mittelmeer kaum noch eine Chance und sind stark vom Aussterben bedroht. Dem Besucher bietet die Höhle ein spektakuläres Tropfsteinpanorama, und besonders der sogenannte Spiegelsaal beeindruckt durch einen silbrig-klaren See, in dem sich das Höhlengewölbe perfekt spiegelt. Nach diesen eher touristischen Zielen sollte man aber ein ruhiges Wort mit dem Bootsführer reden und sich zu einem ausgedehnten Badestopp an eine der vielen kleinen und einsamen Buchten bringen lassen. Wenn es die richtige ist, kann man unter Umständen auch noch eine kostenlose Vorstellung von Freeclimbern bekommen, die sich an extrem steilen Felsen in luftige Höhen hangeln.

Grotta del Bue Marino

Von Cala Gonone auf dem Weg zu versteckten Buchten

Su Gologone

Oliena

»Es gibt nichts zu sehen in Nuoro, und das ist, um die Wahrheit zu sagen, von Vorteil. Orte von touristischem Interesse sind stets ein großes Ärgernis. Gott sei Dank gibt es, soweit mir bekannt, hier nicht die Spur eines Perugino oder eines Pisano zu besichtigen. Glücklich die Stadt, die nichts vorzuzeigen hat. ... Das Leben bleibt Leben und wird nicht zum Museumsstück.« Vom 4. bis 10. Januar 1921 flohen der rothaarige Bergmannssohn aus Nottinghamshire David Herbert Lawrence und seine Ehefrau Frieda von Richthofen die feine Gesellschaft, mit der sie in Sizilien zu überwintern pflegten und die gesamte europäische Kultur, um in Sardinien, »das keine Geschichte, Daten, Rasse, nichts zu bieten hat«, die Wildnis zu suchen – fast eine ganze Woche lang. D.H. Lawrence, der später mit »Lady Chatterley's Lover« zu Weltruhm gelangen sollte, war angezogen von Theosophie und Mystizismus, er suchte das »warme instinktive Leben«, Völker ohne »falsche literarische Kultur«, die in »phallischer Bewußtheit« und in Kenntnis des »ewigen Wunders der Dinge« lebten.

Blick auf Oliena

Linke Seite: *Orgosolo – ein Dorf voller Banditen und Künstler*

Ganze Generationen von Eskapisten und Zivilisationskritikern haben in seiner Nachfolge Sardinien durchstreift und »Raum für die Seele« gesucht. Die letzten Exemplare, die Sozialromantiker auf der Suche nach revolutionärem Urgestein sind in der Barbagia fündig geworden. Unter ihnen war auch der Sieneser Kunstlehrer Francesco del Casino, der schon seit einigen Jahren hier unterrichtete, als er 1975, anläßlich des 30. Jahrestages der Kapitulation der italienischen Faschisten begann, mit seinen Schülern die Wände der ärmlichen Häuser des »Banditendorfes« Orgosolo zu schmücken. Nach lateinamerikanischem Vorbild und formal stark an Picasso orientiert, zieren seither »Revolutionsbilder« den Ort. Thema waren die Unterdrückung Sardiniens durch den italienischen Zentralstaat, die verfehlte Entwicklungspolitik und der Kampf gegen die Nato-Basen auf der Insel und bald auch internationale Themen wie Vietnamkrieg, die Militärdiktatur in Chile oder die Apartheid.

Tatsächlich hat das Banditentum seine Wurzeln in der Ausbeutung und Unterdrückung sowohl durch den Staat als auch durch die unterschiedlichsten Feudalherren, Pfründeinhaber und Großgrundbesitzer, die im Lauf der Jahrhunderte häufig wechselten, deren Herrschaften aber alle die gleichen verheerenden Auswirkungen hatten. Der blanke Überlebenskampf führte dazu, daß es zu regelrechten Raubzügen der bitterarmen Bergbewohner in die fruchtbaren Küstenregionen kam. In der neueren Geschichte hat einer dieser Raubzüge, die »bardana« von 1894, den traurigsten Ruhm erlangt: 500 Männer aus Orgosolo wollten einen Latifundienbesitzer ausrauben. Die Gendarmerie stellte sich ihnen in die Quere, und es kam zu einem fürchterlichen Gemetzel. Alle Polizisten wurden getötet sowie der Großteil der männlichen Bevölkerung des Küstenortes

Pane frattau
Sardische Brotsuppe

Für 4 Personen

1 Zwiebel, fein geschnitten
1 Knoblauchzehe
4 EL Olivenöl extra vergine
500 g geschälte und passierte Tomaten
4 Basilikumblätter
Salz
4 Blatt pane carasau
100 g Pecorinokäse, gerieben
4 Eier

Zwiebel und Knoblauchzehe im Olivenöl anbräunen, Tomaten dazugeben und 15 Minuten köcheln. Basilikum dazugeben und salzen. Jedes Blatt pane carasau in einige Teile brechen und diese in einer Schüssel mit heißem gesalzenem Wasser (oder Fleischbrühe) kurz einweichen. Auf die einzelnen Teller je ein Stück Brot legen, mit einer Schicht Tomatensauce leicht bedecken und mit Käse überstreuen. Nach dem gleichen Verfahren die anderen Brotteile schichten. In einer Pfanne mit etwas gesalzenem Wasser Eier pochieren, auf die Teller verteilen und warm servieren.

Tortolì, deren Häuser anschließend geplündert wurden. Staatliche Rechtsvorschriften und altes Hirtenrecht waren nur schwer zur Deckung zu bringen. In extremen Notlagen versagten auch die uralten Regulative der Dorfjustiz. Machtkämpfe zwischen den einzelnen Familien und Blutrache traten an deren Stelle. Der schrecklichste Familienkrieg dauerte ganze elf Jahre, von 1903–1914, und noch in den fünfziger Jahren kam es, neben Raubüberfällen und Viehdiebstählen, zu zahlreichen unsinnigen Morden.
Doch die Zeiten haben sich auch in der Barbagia geändert. Entführungen und Lösegelderpressungen sind wohl nur noch simple kriminelle Akte unter dem Deckmantel des anarchischen Banditentums. Der Tourist von heute wird davon wohl kaum bedroht, auch wenn ihm, bei der Fahrt im klimatisierten Bus über gut ausgebaute Straßen, vorbei an zerschossenen Ortsschildern, doch noch der gewünschte Schauer über den Rücken läuft, den er beim kamerabewehrten Rundgang durch Orgosolo kaum mehr verspüren wird. Hier trifft er überall auf freundlich grüßende Dorfbewohner, die sich freuen, daß mit den Urlaubern auch in ihr verfluchtes Dorf ein bißchen Wohlstand und Normalität einzuziehen beginnt.
Der Weg jedes Besuchers führt auch durch die Via Gramsci, in der Malereien vom Leben des sardischen Namensgebers der Straße und Mitbegründers der kommunistischen Partei Italiens erzählen. Der undogmatische, revolutionäre Denker und Politiker Antonio Gramsci schrieb 1931 aus dem Gefängnis einen Brief an seinen jüngsten Sohn, den er noch nie gesehen hatte. Darin erzählt er ihm folgende Geschichte: Ein Kind schläft in seinem Bett, neben sich am Boden steht ein Glas Milch. Eine Maus trinkt die Milch, und als das Kind erwacht und das leere Glas vorfindet, beginnt es zu weinen. Also geht die Maus zur Ziege, um sie um etwas Milch zu bitten. Die Ziege hat keine Milch, da sie kein Gras zu fressen hat. Die Maus geht zur Wiese, aber diese hat kein Wasser. Darauf geht die Maus zum Brunnen, der kein Wasser hat, weil er eingefallen ist. Nun geht die Maus zum Maurer, der aber keine passenden Steine hat. Also geht die Maus zum

Murales – oft gesprächiger als die Einwohner

Berg, der aber von nichts hören will und wie ein Skelett aussieht, weil er alle seine Bäume verloren hat. Als Gegenleistung für deine Steine, sagte die Maus zum Berg, wird das Kind, wenn es groß sein wird, Kastanien und Pinien an deinen Hängen anpflanzen. Der Berg gab seine Steine, und schließlich hatte das Kind so viel Milch, daß es sogar darin baden konnte. Und als es ein Mann geworden war, pflanzte es Bäume…

Aber auch eine andere Geschichte erzählt man sich: Wenn ein Bauer mit zehn Söhnen stirbt und eine »tanca«, eine Schafsweide hinterläßt und einen Korkeichenhain mit hundert Bäumen, erbt jeder Sohn eine Weide und einen Hain mit zehn Bäumen, die er beide sofort mit einer Steinmauer umfaßt. In dieser Hirtenkultur verteidigt jeder einzelne hart sein Territorium, hart gegen sich selbst wie gegen alle anderen, oft bis zur Selbstzerstörung oder im Extremfall bis zur Zerstörung der gemeinsamen Lebensgrundlagen. Der Appell zur gelebten Solidarität und zu nachhaltig verantwortlichem Wirtschaften, zum eigentlichen demokratischen Handeln, wird sowohl von mystischen Romantikern, revolutionären Dogmatikern, starren Traditionalisten oder neuerdings von modisch-smarten Libertinisten gerne überhört. Und in einem Staat, in dem trotz einer demokratischen Verfassung für die Bevölkerung der Zugang zum Recht über weite Strecken fehlt, haben alle Ideologen ein leichtes Spiel.

Sicherlich kein leichtes Spiel hatte Beppeddu Palimode, der sich in den sechziger Jahren entschloß, aus dem Teufelskreis von Armut und Apathie auszubrechen und mit dem einzigen Erbe, das er besaß, den einfachen Traditionen seiner Umgebung, eine Existenz aufzubauen. Er begann mit einer Trattoria oberhalb der Quelle Gologone – su gologone. Glasklares, eiskaltes Wasser, einer der wenigen Reichtümer dieser karstigen Landschaft, tritt hier aus einem Felsspalt. Hier kam man im heißen Sommer gerne her, aber auch im Herbst und Winter, um auszuruhen von der Jagd. Und auch die ersten Fremden, die bisher nur an der Costa Smeralda sonnenbadeten, verirrten sich in diese abgelegene suggestive Gegend.

Noch gab es kein einziges Lokal in ganz Sardinien, in dem man einheimische Gerichte zu essen bekommen hätte. Die wenigen Restaurants boten »internationale Küche«, und die Einheimischen hatten viel zu wenig Geld und wenig Anlaß, ihre einfachen Speisen irgendwo anders als in den eigenen vier Wänden zu essen. Es gab deshalb überhaupt keinen vernünftigen Grund, mitten zwischen Oliven und Banditen und rund um eine über einhundert Jahre alte Feuerstelle traditionelle sardische Küche anzubieten. Daß Beppeddu das Vorhaben dennoch vorantrieb, würde man gemeinhin als starrsinnige Verrücktheit bezeichnen, im Falle von Erfolg nennt man es unternehmerische Dynamik. Beppeddu Palimode, den später alle mit der sardischen Bezeichnung für Onkel vor seinem Namen Thiu Beppeddu riefen, war mit Pasqua verlobt, deren Name, »Ostern«, in Sardinien Glück und Fröhlichkeit bedeutet. Ihre Lieblingsspeise, das typische Ostergebäck *casadinas*, ein Teigkörbchen gefüllt mit Käse und mit etwas Safranpulver bestreut, stand folglich von Anfang an das ganze Jahr über auf der Speisekarte. Andernorts nennt man diese Törtchen meist *pardulas* und bereitet sie süß mit Rosinen oder Orangen- und Zitronenschalen.

Favette con il lardo
Saubohnen mit Speck

Für 4 Personen

1 kg frische kleine Saubohnen, enthülst, oder 500 g getrocknete
4 EL Olivenöl extra vergine
3 Knoblauchzehen, gehackt
5 Minzeblätter
100 g Bauchspeck, klein gewürfelt
Salz, Pfeffer

Die getrockneten Saubohnen über Nacht einweichen.
Alle Zutaten in einen Tontopf geben, salzen und pfeffern, mit kaltem Wasser bedecken und kurz aufkochen.
Dann Temperatur reduzieren und so lange köcheln, bis die Saubohnen beginnen, sich zu spalten. Als Vorspeise oder als Beilage servieren.

Porceddu arrosto con patate
Gebratenes Spanferkel mit Kartoffeln

Für 4 Personen

1 kg Spanferkelstücke (ersatzweise Jungschweinekeule)
1 kg Kartoffeln
10 Rosmarinzweige
Salz

Kartoffeln schälen und in große Stücke schneiden. Auf dem Backblech Kartoffeln verteilen und mit Rosmarinzweigen bedecken.
Die Haut der Spanferkelstücke über Kreuz einschneiden und auf den Grillrost in den auf 180 Grad vorgeheizten Ofen legen, das Backblech mit den Kartoffeln eine Etage tiefer einschieben. Nach 30 Minuten das Fleisch salzen und weitere 30 Minuten braten. Kurz vor Ende der Garzeit das Fleisch mit dem auf die Kartoffeln heruntergetropften Fett bepinseln und Kartoffeln salzen.

Rechte Seite: *Porceddu – glänzend und knusprig*

»Felice come una Pasqua« verlief dann auch, unter den mißtrauischen Blicken der gesamten Verwandtschaft, aber mit tatkräftiger Unterstützung von Pasquas Mutter, ihr gemeinsames Leben und die stürmische Entwicklung ihres unternehmerischen Abenteuers. Zuerst kamen die etwas bessergestellten Bewohner des Städtchens Nuoro, bald auch die ersten Fremden. Aus improvisierten Anfängen wurden feste Baulichkeiten im landschaftstypischen Stil. Da die Anfahrt lang war, bot es sich an, auch einige Zimmer für Übernachtungen vorzusehen. Noch heute überwacht Pasqua das tägliche Geschehen in der Küche und die Umsetzung ihrer Philosophie, wonach typische Rezepte, wie etwa die netzartigen Suppennudeln *filindeu* oder die Vorspeise aus grünen Saubohnen und Speck, *le favette con il lardo*, zum kulturellen Erbe und damit allen gehören. Schon deshalb dürfen sie unter keinen Umständen verändert werden. Besonders freut sie sich aber darüber, daß Tochter Giovanna sich entschlossen hat weiterzumachen, obwohl ihr die Insel manchmal zu eng wird. Dann flieht sie, auch mal kurz über ein Wochenende, in ihre kleine Wohnung nach Florenz und sucht etwas Anregung und Abwechslung in ihrem ehemaligen Studienort. Zu Hause wird sie inzwischen von Ehemann Luigi vertreten, der zusammen mit ihr aus dem ererbten Betrieb eines der schönsten Hotels der Insel und eines der bemerkenswertesten Restaurants gemacht hat, ohne wirklich etwas zu ändern. Beide sind überzeugt, daß schon Thiu Beppeddus Erfolg nur darauf beruhte, als Gastwirt nichts anderes gemacht zu haben, als er es als privater Gastgeber getan hätte – den Gast, so gut es mit den eigenen Mitteln geht, zu bewirten. Die Deutschen, sagt Giovanna überraschenderweise, wissen das am meisten zu schätzen.
So wird täglich zweimal mit allem Aufwand gekocht, und man kann gar nicht anders, als neugierig der Zubereitung von Lamm oder Zicklein, die an Wacholderspießen gebraten werden, damit das Holz sein Aroma an das Fleisch abgibt, in der offenen Küche im Hof zuzusehen. Aber vor allem wird man fasziniert die Entstehung der Nationalspeise *porceddu* verfolgen. Die Spanferkel, etwa drei Monate alte Abkömmlinge gesunder, halbwild lebender Hausschweine, garen an einem Spieß zuerst am offenen Feuer, bevor der wichtigste Teil der Zubereitung beginnt. Unsereins glaubt spätestens jetzt, die dunkle Herkunft des Wortes Spanferkel erhellt zu sehen. Ein kräftiger Bursche steckt einige Speckschwarten auf einen Spieß, dazwischen Späne von Oliven- oder Eichenholz, und diese zündet er an. Bald tropft flüssiges Fett feurig auf die Ferkelhaut und macht diese glänzend und knusprig. Unsere Hoffnungen, eine erinnernswerte Erklärung für Spanferkel gefunden zu haben, schmelzen allerdings dahin, sobald wir ein etymologisches Wörterbuch zur Hand nehmen. Da steht ganz prosaisch, daß Span aus dem Nieder-, Alt- oder Hochdeutschen stammt und etwas mit den Zitzen zu tun hat, an welchen die reschen Kleinen noch vor wenigen Stunden hingen.
Zugegeben, ein gut gemachtes Spanferkel aus einem guten Backofen, wie man es heute fast überall auf der Insel zubereitet bekommt, kann fast oder genauso gut schmecken und kann auch zu Hause selbst zubereitet werden (siehe Rezept). In jedem Falle wäre es eine Unterlassungssünde, Sardinien

zu verlassen, ohne einige Male diese Köstlichkeit gegessen zu haben. Das im besten Sinne archaische und natürliche Schauspiel seiner traditionellen Zubereitung, das im Su Gologone noch zum Küchenalltag gehört, verankert aber neben besonderen Geschmackserinnerungen auch wunderschöne Bilder in unserem Gedächtnis.

Die schönsten Bilder, die der Gast des Su Gologone mitnimmt, entstehen zweifellos an den Abenden, die einmal wöchentlich zu seiner Ehre in den alten Trachten und mit alten Bräuchen der Gastfreundschaft veranstaltet werden. Jetzt könnte man sich in Erinnerung an Heimatabende, Brauchtumsfeste, Komödienstadel oder sonstigem profitablen Volksgetümel mit Grausen abwenden, und jedem sei es unbenommen, an anderen Tagen als Freitagabend hier sein herzhaft gutes Essen ungestört zu genießen. Aber den jungen Leuten, den Gastwirten und den bildhübschen Bedienungen, den Musikern und den Tänzern, die alle ganz bei der Sache und bei sich selbst sind, wird man damit nicht gerecht. Sie sehen in ihren Traditionen noch einen Weg, uns Fremde wirklich willkommen zu heißen. Der »Teppich« aus frischen Kräutern, der zur Begrüßung auf dem Fußboden ausgelegt wird, duftet nach Myrte, Thymian, Minze und Rosmarin, die gleichen Düfte, die einem im Glase des Begrüßungsgetränkes wieder begegnen. Sie schmücken sich festlich, um uns einen festlichen Abend ohne faden Beigeschmack zu bereiten, und reichen Obst, frisch und einladend, eine sogenannte »xenia« oder »dono per ospiti«, eine selbstverständliche Gabe an den Gast, wie man sie im antiken Griechenland schon kannte. Unsereins schielt manchmal neidvoll nach seinen italienischen Nachbarn, die das alles ohne Wenn und Aber genießen können. Für sie stellt sich an diesem Abend die ängstliche Frage einfach nicht, ob das alles vielleicht schon morgen zu hohlem Folkloretheater verkommen sein wird. Oft hat man hier in den Bergdörfern nicht nur gemeinsam gefeiert, davor den einfachen Wein aus dem kleinen Keller geholt und ihn aus einem Kuhhorn getrunken, sondern für ein Fest auch häufig gemeinsam ge-

Casadinas
Käsetörtchen

Für 4 Personen

200 g Hartweizenmehl
2 EL Olivenöl extra vergine
200 frischer Schafskäse, klein gewürfelt
1 Tüte Safran
Salz

Mehl mit lauwarmem gesalzenem Wasser verkneten, Öl einarbeiten und 30 Minuten im Kühlschrank ruhen lassen. Dann ausrollen und 4 Kreise von etwa 20 Zentimeter Durchmesser mit einer umgestülpten Schüssel ausstechen. Käse mit Safran und etwas Salz vermengen, auf die Mitte der Teigkreise verteilen und die Teigränder nach oben formen, so daß Körbchen entstehen.
Auf ein mit Backpapier ausgelegtes Blech verteilen und im auf 220 Grad vorgeheizten Ofen 20 Minuten backen. Mit etwas Safranpulver bestreut servieren.

Auch um das süße Leben …

… kümmert sich die Hausherrin Giovanna persönlich

kocht. Gebacken aber hat man nie alleine. Zum monatlichen Brotbacken versammelte sich immer die ganze Großfamilie. Zu besonderen Festen aber wurde nur ein Ofen im Dorf angeheizt, und alle brachten ihre ungebackenen Brote, die mit einem Stempel gekennzeichnet waren. Diese »pintapanes« hatten die Schäfer in Holz geschnitzt, sie wurden von Generation zu Generation weitergegeben und waren mit einem Familienwappen vergleichbar.

Im Brot verstecken sich unzählige heidnische Symbole der Fruchtbarkeit und des ewigen Lebens, die oft nahtlos in christliche Legenden überführt wurden. So gibt es kaum einen wichtigen Heiligen, dem nicht ein bestimmtes Brot geweiht wäre, San Marco etwa wird an seinem Festtag am 25. April mit Brot in Form von Getreideähren geehrt, das den Wiederbeginn des Wachstums im Frühjahr feiern und eine gute Ernte garantieren soll. Sant'Antonio ist ein Brot geweiht, das mit Honig gesüßt und mit lokalem Safran schön gelb eingefärbt ist, so wie fast alle sardischen Süßigkeiten aus Brot- oder gar aus einfachem Nudelteig hergestellt werden. Daß heidnisches Denken sich so nahtlos in die neue Welt des christlichen Glaubens fügte, nimmt nicht weiter wunder, wurde das Christuskind doch in Bethlehem geboren, einem Ort, dessen Namen im Hebräischen soviel wie »Haus des Brotes« bedeutet. Brot mußte also auch zu christlichen Festtagen etwas Besonderes sein, abwechslungsreicher und schmackhafter als das tägliche Brot, gesüßt mit Honig, Mandeln und Früchten. Und rund wollte man es meist haben, *tortula* sagten die Römer, was noch in unserem Wort Torte steckt, zum Zeichen für ein neues, volles und erfülltes Jahr.

Die umfangreichste Auswahl an klassisch sardischen *dolci* findet man in der »Pasticceria artigiana« von Luisa Monne in Nuoro. Aber nicht nur gebacken und verkauft wird hier, die Konditorei ist auch ein regelrechtes Forschungslabor. Luisa Monne studiert alte Dokumente und rettet Wissen, das verlorenzugehen droht. Dem Romanisten Max Leopold Wagner, der sich wie kein anderer mit der Geschichte der sardischen Sprache beschäftigte, waren die Brottraditionen ein wichtiger Teil seiner Forschungen, und Luisa führt solche Forschungen in höchst praxisnaher Weise fort, indem sie sich bei den alten Frauen entlegener Dörfer nach den Festtagstraditionen sowie Brot- und Kuchenrezepten ihrer Familien erkundigt. Ob *pistiddu* oder *coconèddos de binicòttu*, die beide im Gebiet von Nuoro zum Fest des heiligen Antonius gebacken wurden, ob die kunstvollen *coccòi de Santu Marcu*, die man als Votivgabe in die Kirche getragen hat, das *piccolo pane di Santa Rita*, das man sogar als Amulett verwendet, *pane pintàu de sos ispòsos*, das farbige Hochzeitsbrot oder das *puzzonèddu 'e ovu*, das klassische Osterbrot mit eingebackenem Ei, alle findet man wieder oder noch, in diesem lebendigen Museum des wichtigsten menschlichen Nahrungsmittels.

Das tägliche Brot Sardiniens ist das *pane carasau*. Das dünne Fladenbrot ließ sich nur in gemauerten Holzöfen herausbacken, die mindestens eine Temperatur von 600 Grad erreichen mußten. Erst dann geht der Teig aus Mehl, Wasser, Salz und wenig Naturhefe so auf, daß er sich in die zwei hauchdünnen Scheiben teilen läßt, die anschließend noch einmal kurz in den Ofen kommen. Der Name dieser brüchigen Scheiben kommt aus dem

Entspannung pur im Su Gologone

Spanischen und bedeutet soviel wie getrocknet oder getoastet. Auf dem Festland hat man dem Brot der Sarden den poetischen Namen *carta da musica* gegeben, Notenpapier, weiß aber wenig damit anzufangen, obwohl man es vielerorts zu kaufen bekommt. In Nuoro nennt man es auch ganz knapp *pizzas*, was einmal mehr daran erinnert, daß die »eßbaren Teller«, die Teigfladen, die man mit allerlei belegte, im ganzen Mittelmeergebiet schon immer verbreitet waren, ob sie nun Pizza, Pitta oder wie auch immer hießen.

Früher stellte *pane carasau* den Hauptbestandteil aller drei Mahlzeiten des Tages dar. Zum Frühstück wird es noch heute mit Milch, der Buttermilch *frue* oder dem Buttermilchkäse *ricotta* gegessen. Zum Mittagessen gab es meist *pane frattau*, eine genial einfache Köstlichkeit aus den dünnen, in Wasser eingeweichten Brotscheiben, einer Tomatensauce und einem, in üppigen Zeiten auch zwei pochierten Eiern. Über das Ganze kam noch etwas alter Käse, was ihm den Namen gab, im Sardischen bedeutet *frattau* gerieben. Am Abend genügte dann etwas Brot, in Fleischbrühe eingeweicht. Heute steht in allen Lokalen in ganz Sardinien *pane carasau* ganz selbstverständlich auf dem Tisch. Etwas mehr Aufmerksamkeit aber verrät es, wenn an dessen Stelle ein frisch zubereitetes *pane guttiau* seine appetitanregenden Düfte verströmt. Das immer vorrätige *pane carasau* wurde einfach mit Olivenöl beträufelt, vielleicht sogar noch mit Rosmarinnadeln bestreut und im Ofen erwärmt. So sollte man auch seinen Freunden zu Hause den aus Sardinien mitgebrachten Leckerbissen servieren.

Pane Carasau

La Bitta

Arbatax

Die arabischen Piraten nannten ihn »arba haschra«, den 14. Turm, denn sie kannten die Punkte genau, welche die Küste vor ihren Angriffen schützen sollten. Heute erinnert nur noch der Name das kleinen Fischerhafens Arbatax an die unruhigen Zeiten der Sarazenengefahr, die auch dieser einst sumpfige und malariaverseuchte Landstrich erlebte. Die windgeschützte Bucht wird durch die geologisch einzigartigen roten Porphyrklippen markiert, beliebtes Fotomotiv und klassischer Sonnenuntergangstreff für Liebespaare, der leider durch einen staubigen großen Parkplatz viel an Atmosphäre verloren hat. Den kleinen Hafen dahinter haben Fischer aus Ponza, einer kleinen Insel zwischen Rom und Neapel, angelegt, die ehemals Gemüse und Knoblauch von ihrer Insel mitbrachten, hier verkauften und mit einer reichen Ladung Fisch zurückfuhren, die sie in Neapel gewinnbringend an den Mann bringen konnten. Da ihre kleinen Geschäfte aber zunehmend von großen Kuttern und allgemeinem Großhandel übernommen werden, fahren sie schon längst nicht mehr die weite Strecke über das Meer, sondern halten sich mit lokalem Fischereibetrieb mühsam über Wasser.

Die roten Porphyrklippen von Arbatax

Das Geschäft der Zukunft hat sich vom Hafen an die Strände verlegt und heißt Tourismus. Einen besonders schönen Platz hatte sich Giuseppe Bovi aus dem südlich von Neapel gelegenen Salerno schon in den sechziger Jahren herausgesucht und sich vom harten Holzfällerleben mühsam zum Besitzer eines kleinen Strandlokals hochgearbeitet. Das Holz, das er schlug, wurde in der überdimensionierten Papierfabrik von Tortolì verbraucht, aber auch sie war nur ein weiterer Meilenstein verfehlter römischer Strukturpolitik. Ihren gierigen Rachen konnte die Insel natürlich nicht sehr lange mit dem benötigten Rohmaterial bedienen, und so sieht man heute Schiffe voller Baumstämme aus Rußland hier eintreffen, die zu Zeitungspapier für das italienische Festland verarbeitet werden.

Alessia und Sergio Bovi erwarten ihre Gäste

Die Strandkneipe von Giuseppe, die er La Bitta, zu deutsch »Schiffs-Poller«, nannte, lag in der kleinen Sandbucht von Porto Frailis, an der Südseite der Landzunge von Arbatax. Heute steht an dieser Stelle das sehr renommierte Ristorante La Bitta, an das ein schönes und komfortables ****Hotel mit 40 Zimmern angegliedert ist. Beide werden von Sergio Bovi und seiner Frau Alessia geführt, ein Bruder Sergios besitzt ganz in der Nähe das Feriendorf Villaggio Saraceno, und der dritte von Giuseppes Söhnen ist der Dorfarzt. Alle zusammen verwalten und mehren gemeinsam das väterliche Erbe.

Die geschäftliche Expansion wurde vor allem durch den Ausbau des Fährhafens und den 1994 eröffneten Flughafen ermöglicht, der heute Arbatax, das auf Autostraßen nicht so bequem zu erreichen ist, mit der Außenwelt verbindet. Das bringt nun Aufenthaltstourismus in die Gegend, für den es sich lohnte, die nötigen Strukturen zu schaffen. Sergios kluge Entschei-

Maccarones de ungra alla sarda
Sardische Nockerln

FÜR 4 PERSONEN

Für den Teig:
250 g Mehl
Wasser
Salz

Für die Sauce:
350 g frische reife Tomaten, enthäutet und gewürfelt
1 EL Olivenöl extra vergine
1 Knoblauchzehe
3 Basilikumblätter
80 g gesalzene gereifte Ricotta, gerieben (ersatzweise Parmesan)

Mehl mit Wasser und 1 Prise Salz so lange durchkneten, bis ein fester Teig entsteht. Ruhen lassen. Aus dem Teig viele kleine Kugeln formen und sie mit leichtem Druck über die Rückseite einer Käsereibe rollen.
Tomaten und Knoblauch in Öl erhitzen, Basilikum dazugeben.
Nudeln in reichlich Salzwasser al dente kochen, in die Pfanne mit den Tomaten geben, Knoblauchzehen entfernen, Ricotta darüberstreuen, wenden und servieren.

dung war es, die Urzelle des kleinen Familienimperiums, sein Ristorante, vom Hotelbetrieb getrennt zu halten. In dessen Küche stehen nun schon seit einigen Jahren Carlo Deiana und Wanda Mameli. Die zahlreichen Besitzer und Bewohner von Feriendomizilen entlang der Küste und die Einheimischen, die in dieser gastronomisch recht unterversorgten Gegend aus den Städtchen Tortolì, Lanusei oder über weitere Strecken auch außerhalb der touristischen Saison anreisen, singen besonders gerne auf Wanda wahre Lobeshymnen, trägt sie doch den Familiennamen des Mannes aus Lanusei, der die italienische Nationalhymne verfaßte.
Die Küche ist sardisch, fühlt sich aber auch, der familiären Herkunft entsprechend, neapolitanischer Kreativität verpflichtet. *Maccarones de ungra alla sarda* sind eine klassische Pasta aus kleinen Teigklößchen, die mit dem Daumennagel, daher der Name, über die Rückseite eines Reibeisens gerollt werden und so ihre hübsch strukturierte Oberfläche erhalten. Sie schmecken besonders gut mit einer Sauce aus frischen Tomaten und mit darübergeriebenem getrocknetem, gesalzenem Ricottakäse. Eine besondere Vorspeise der Gegend ist die seltene und besonders milde *bottarga* aus den Meeräschen, die in den Altwässern von Tortolì gefangen werden. Dieser getrocknete Fischrogen wird in dünne Scheiben geschnitten und auf Toastbrot mit Butter gegessen. Sergios Lieblingsgericht mit *bottarga* sind Butternudeln, über die er nichts als den Fischrogen reibt. Zwei andere Gerichte, die *tagliatelle scampi e fiori di zucca*, die frischen Bandnudeln mit Scampi und Zucchiniblüten sowie das *filetto d'orata alla mediterranea con pomodoro fresco e cozze*, das Goldbrassenfilet mit frischen Tomaten und Miesmuscheln, sprechen die leichte und gewitzte Sprache der Küche Kampaniens. In schönem Kontrast dazu die *scaloppine al cannonau*, die den erdig bodenständigen Geschmack des sardischsten aller Weine so schön wiedergibt.
Der Cannonau ist wohl ein weiteres der vielen Mitbringsel, die die Spanier auf Sardinien hinterlassen haben. An den »Canonazo di Seviglia« erinnert

Il trenino verde – nicht bequem, aber erlebnisreich

sein Name, eine Traube, die der »Granaxa di Aragona« gleicht und der französischen »Grenache noir«. Auch unter vielen anderen Namen wie etwa »Alicante« oder »Roussillon« ist die robuste und produktive Rebe weltweit verbreitet. Sie kann in ganz Sardinien als DOC, d. h. mit kontrollierter Herkunftsbezeichnung angebaut werden. Unterzonen, die auf dem Etikett eigens genannt werden dürfen, sind Oliena, Capo Ferrato und Jerzu. Der Wein ist mit 13,5 Grad recht alkoholisch, die Riserva erreicht sogar 15 Grad. Dafür weist er aber weniger Farb- und Extraktstoffe auf und eignet sich selten zur längeren Lagerung. Oft wird Cannonau auch als Rosé und manchmal sogar als Weißwein ausgebaut, je nachdem, ob man den Most sofort von der Schale mit den Farbstoffen trennt oder kurzzeitig darauf liegenläßt.

Um eines der schönsten Herkunftsgebiete des auch heute noch in zahlreichen bäuerlichen Kleinbetrieben angebauten Cannonau besser zu erforschen, empfiehlt es sich, am frühen Morgen den »trenino verde« im Hafen von Arbatax zu besteigen und in die Ogliastra, das bergige Hinterland, zu fahren. Die Berge steigen schon nach wenigen Kilometern abrupt an, und die kleine Schmalspurbahn müht sich in engen Serpentinen die Hänge eines riesigen Halbrunds hinauf, das einem zum Meer hin geöffneten griechisch-antiken Theater gleicht. Natürlich gibt es heute schnellere und bequemere Wege, um von einem Punkt der Insel zu einem anderen zu kommen, als sich in einen der klapprigen Triebwagen der »Ferrovie della Sardegna« zu setzen. Jede Schienennaht der 1913 verlegten Gleise macht sich durch einen heftigen Stoß bemerkbar, und der Lärmpegel und die Abgase der Diesellok könnten einem ganz erheblich die Laune verderben, wäre da nicht der Blick aus dem Fenster.

Das Züglein tuckert abseits von Weg und Steg, und kreuzt es doch mal eine Straße, dann steht dort eine freundliche Streckenwärterin mit fescher Leuchtweste, sperrt alles sicher mit einer hauchdünnen Kette ab und läßt den Zug gnädig passieren. Man möchte aussteigen und in den Kochtopf

Tagliatelle scampi e fiori di zucca
Bandnudeln mit Scampi und Zucchiniblüten

Für 4 Personen

400 g frische Bandnudeln
500 g Scampi
1 EL Olivenöl extra vergine
1 Knoblauchzehe
1 Glas Weißwein
8 frische Zucchiniblüten, in feine Streifen geschnitten
1 EL Petersilie, gehackt

In einer Pfanne Knoblauch in Öl anbräunen, Scampi längs halbieren und dazugeben. Nach einigen Minuten Weißwein darübergießen und weitere 2 Minuten garen. Zucchiniblüten hinzugeben. Bandnudeln in reichlich Salzwasser al dente kochen, in die Pfanne geben und vorsichtig wenden. Petersilie darüberstreuen und mit einer Blüte dekoriert servieren.

Mirto
Myrtenlikör

600 g Myrtenbeeren (ersatzweise Blaubeeren)
1 l Alkohol 90%
2 l Wasser
600 g Honig

Die Beeren 5 Tage in Alkohol einlegen und an einem dunklen und kühlen Ort aufbewahren. Danach durch ein Leintuch filtern und die Beeren darin gut ausdrücken. Den Honig in Wasser lösen und mit diesem Sirup den aromatisierten Alkohol verdünnen und das Getränk in dunklen Flaschen lagern.

Filetto di orata alla mediterranea
Goldbrassenfilet nach mediterraner Art

Für 4 Personen

4 Goldbrassen à 250 g, geputzt und filetiert
70 g Mehl 00
4 EL Olivenöl extra vergine
Salz
1 Knoblauchzehe, gehackt
500 g Miesmuscheln
1 Glas Weißwein, am besten Vermentino
350 g Kirschtomaten, halbiert
4 Basilikumblätter
1 EL Petersilie, gehackt

Goldbrassenfilets in Mehl wenden und in einer Pfanne mit heißem Öl beidseitig braten. Salzen, Knoblauch hinzufügen und warm stellen.
Gewaschene Muscheln in eine zweite Pfanne geben, mit Wein begießen und verdunsten lassen. Tomaten und Basilikum dazugeben und 5 Minuten zugedeckt garen. Petersilie darüberstreuen und mit den Fischfilets servieren.

schauen, den sie sicherlich kurzfristig verlassen hat, um zwei- bis dreimal täglich die ihr anvertraute Amtshandlung zu vollführen. Doch die Fahrt geht weiter über unzählige Schleifen und Kurven, für deren Notwendigkeit es oft keine unmittelbar einleuchtende Erklärung gibt. Ältere Mitreisende können einem da aber weiterhelfen. Sie erzählen, daß die Bahngesellschaft nach erstellten Kilometern bezahlt wurde, und somit baute man davon lieber ein paar mehr und bekam mehr Geld und hatte länger Arbeit, als daß man eine Brücke oder einen Tunnel gebaut hätte, die nur Kosten verursacht hätten. Die wenigen Tunnel, die man aber doch bauen mußte, erhöhen allerdings das durchschnittliche Fahrtempo auf der Strecke auch nicht, eher im Gegenteil, sind sie doch ein beliebter Schattenplatz bei den frei umherziehenden Kühen. Diese räumen ihn auch bei Herannahen des Zuges nur äußerst ungern und nur nach kräftigem Getöse und Gepfeife seitens des legitimen Benutzers der holprigen Schwellen.
Bukolische Szenen ohne Ende ziehen vorüber, während die Fahrt immer weiter hinauf in die gelb blühende Ogliastra führt, die ihren Namen von den wilden Olivastro- oder Oleastro-Pflanzen hat, dem wilden Olivenbusch, auf den man die kultivierten Oliven aufpfropfen kann, um sie dann wieder zu einem Baum zu ziehen. Einige dieser Pflanzen haben sich im Verlauf von Jahrhunderten unter den herrschenden idealen klimatischen Bedingungen zu riesigen Bäumen ausgewachsen, die zu den ältesten Italiens und zu den erstaunlichsten Naturdenkmälern des Mittelmeerraumes zählen.
Zahlreich sind in der einsamen Bergwelt auch die Sträucher der Myrte, die aus Afrika stammt und zu den klassischen Macchiapflanzen zählt. Die Myrte war ursprünglich für die Griechen der Todesbaum, in welchen das schöne Mädchen Myrsine aus Attika von Pallas Athene verwandelt wurde, nachdem man sie aus Neid erschlagen hatte. Für die griechischen Siedler, die ihn nach Sardinien brachten, symbolisierte er das Ende ihres alten und den Beginn eines neuen Lebens. Weil aber Aphrodite nach ihrer Geburt

aus dem Meeresschaum an Land in einem Myrtenwäldchen Schutz fand, wurde die Pflanze auch der Liebesgöttin heilig und ihre duftenden, zarten weißen Blüten und die leuchtend immergrünen Blätter ein Symbol für Liebe und Schönheit. Den Bräuten flocht man deshalb den Myrtenkranz. Die aromatischen dunkelblauen Beeren, die zwischen November und Januar reif sind, werden in vielen Gegenden an Stelle von Pfeffer verwendet, mit den Blättern lassen sich, ähnlich wie mit Lorbeer, zahlreiche Speisen, darunter auch das berühmte sardische Spanferkel *porceddu,* aromatisieren. Fein gemahlen und mit Bienenwachs versetzt werden sie, um damit Möbel zu polieren. Vor allem aber bereitet man mit ihnen den berühmtesten Likör Sardiniens, den *mirto*, der auch das derbste Hirtenmahl verdaubar macht.

Scaloppine al Cannonau
Schnitzel in Rotwein

Für 4 Personen

600 g Rinderfilet, in dünne Scheiben geschnitten
70 g Mehl
3 EL Olivenöl extra vergine
Salz
1 Glas Cannonau (bzw. körperreicher Rotwein)
200 g Rinderfond
1 EL Petersilie, gehackt

Schnitzel klopfen, in Mehl wenden in einer Pfanne mit heißem Öl beidseitig anbraten. Salzen, mit Rotwein begießen und verdunsten lassen. Fond dazugeben, einige Minuten köcheln lassen und mit Petersilie bestreut servieren.

Gern in der Küche und jede freie Minute am Strand – der junge Koch Carlo Deiana

Dal Corsaro

Cagliari

Blick auf Cagliari

Man sagt, daß der Dickhäuter, der die »Torre dell'Elefante« ziert, oben in der befestigten Altstadt, gleich neben der Universität, am besten den Charakter der Einwohner der Inselhauptstadt Cagliari wiedergibt – zu erstaunlichen Energieleistungen fähig, ansonsten ruhig und gelassen bis zur Apathie. Der schöne Kalksteinturm gehört zu den großen Leistungen im Festungsbau des 13. Jahrhunderts, initiiert von den Pisanern, die 1258 die Genuesen von der Insel verdrängt hatten, und ausgeführt vom »Arcitector optimus« Giovanni Capula, wie uns eine Inschrift übermittelt.

Den »Ristorator optimus« der Stadt trifft man draußen am Yachthafen Marina Piccola. Giancarlo Deidda hat zu den caglieritanischen Wesenszügen noch von mütterlicher Seite die Beharrlichkeit, manche würden sagen, die Sturheit der Bergamasken dazu bekommen. Das väterliche Erbe war ein kleines Lokal, 1964 eröffnet, damals noch neben einem Bootssteg, an dem die Fischer anlegten. Der Hafen und das Lokal sind zusammen gewachsen, die Anlegestelle in ihrer Kapazität, die Küche in ihrer Qualität.

Den Vater Filippo kannte keiner unter seinem Namen, Corsaro nannten ihn alle, auch seine Kinder. Er war eine bekannte Größe in der Region. Als er während des sogenannten französisch-italienischen »Weinkrieges« alle Champagnerflaschen aus seinem Keller holte und sie in den Straßen von Cagliari in den Rinnstein goß, hatte er sich auch in Italien und darüber hinaus einen Namen gemacht. In jenen Jahren ging man nicht zum Essen, man ging »dal Corsaro«, seit 1969 auch in der Stadt, wo eine elegant eingerichtete Dependance eröffnet worden war. Für die Söhne war es sicherlich nicht leicht, neben dem Übervater zu bestehen, und folgerichtig versuchten beide durch ein Studium ihren eigenen Weg zu finden. Giancarlo verdiente sich trotzdem immer sein Taschengeld in der väterlichen Küche, und als frischgebackener Doktor der Wirtschaftswissenschaften wurde er zu Beginn der siebziger Jahre vor eine schwierige Entscheidung gestellt. Der Vater hatte einen Herzinfarkt erlitten, und die beiden Lokale mußten verkauft oder übernommen werden. Unter den Familien der Brüder Giancarlo und Pierluigi, die praktischerweise mit zwei Schwestern verheiratet waren, war schnell Einigkeit erzielt. Man führte das ganzjährig geöffnete Stadtlokal »Dal Corsaro« gemeinsam, ebenso »Lo Spinnaker«, die große und laute Seglerkneipe mit Hafencafé und einfachen Gerichten in Marina Piccola. Giancarlo bekam noch ein besonderes Spielzeug.

Das Ristorante der Familie Deidda

Das »Ristorante Dal Corsaro a Marina Piccola« liegt genau über dem »Spinnaker«. Man speist oben auf einem Sommertraum von Terrasse, unter weißem Segeltuch mit einem einmaligen Blick auf das Hafengeschehen und die weite Bucht des Golfo di Quartu. Räumlichkeiten drinnen gibt es nicht, für die Sommersaison kann man sich auf schönes Wetter verlassen. Die Küche und die Köche sind dieselben wie in der Stadt. Die

Culingionis de patata
Kartoffelravioli

FÜR 4 PERSONEN

Für den Teig:
400 g Hartweizenmehl
2 Eier
2 EL Olivenöl extra vergine
Salz

Für die Füllung:
500 g Kartoffeln
2 kleine weiße Zwiebeln, gehackt
1 Knoblauchzehe, gehackt
4 Minzeblätter, gehackt
15 g Schweineschmalz
150 g würziger Schafskäse
60 g Pecorino, gerieben

Zutaten für den Teig vermischen, gut durchkneten, mit einem Tuch zudecken und 30 Minuten ruhen lassen. Kartoffeln in reichlich Salzwasser kochen, schälen und passieren. Zwiebeln, Knoblauch und Minze in Schmalz anbräunen. Abkühlen lassen und in einer Schale mit den Kartoffeln und dem frisch geriebenen Käse vorsichtig vermengen. Den Teig dünn ausrollen und Kreise mit etwa 8 Zentimeter Durchmesser ausstechen und halbieren. Die linke Seite des Halbkreises mit je 1 Löffel Füllung belegen, den Teig um die Füllung schließen und mit den Fingernägeln an den Rändern fest zusammendrücken.
Am nächsten Tag in reichlich Salzwasser kochen, mit Pecorino bestreuen und sehr warm mit einer Tomatensauce servieren.

Gerichte, die man teilweise auch dort auf der Karte findet, sind aber auf die frischen Meeresprodukte beschränkt. Diese werden allmorgendlich in imposanten Mengen angeliefert, und man weiß nicht so recht, was mehr glänzt, die Schuppen der taufrischen *orate, cernie* oder *spigole*, der Goldbrassen, Zacken- und Wolfsbarsche, die Panzer der Langusten oder die lebhaften Augen von Giancarlo angesichts der schlüpfrigen Pracht. Alles kommt zur Begutachtung und zur Erstellung der Speisekarte auf einen Tisch, und einige *datteri, arselle, cozze* und *cannolicchi*, Meeresdatteln, Venusmuscheln, Miesmuscheln oder Messerscheiden, werden vom Hausherrn erst einmal mit großem Vergnügen roh verspeist, risikolos, wie er versichert, denn er weiß, woher seine Ware stammt.
Vertrauensvoll kann sich der Gast also zu Tisch begeben und sich mit einem Degustationsmenü rundum verwöhnen lassen oder sehr sorgfältig zubereitete Gerichte aus der lokalen Tradition bestellen. Das sind etwa *triglie a ischiscionera*, die Meerbarben, die im Tontopf zubereitet werden, oder *anguilla incasada*, den jungen Aal aus dem »stagno di Quartu«, dem Altwasser gleich hinter dem Badestrand, mit Schafskäse. Natürlich weiß jeder vernünftige Mensch, daß sich Käse und Fisch im Prinzip in der Küche nie begegnen sollten. Aber eben nur im Prinzip. Eine rühmliche Ausnahme hatten wir schon, die Seezunge mit Pecorino im »Su Barchile«, hier folgt für Mutige eine weitere. Vielleicht nicht ganz so ungewöhnlich, aber doch ausgefallen genug, um darauf hinzuweisen, der *cappone con le patate al profumo di zafferano*, Drachenkopf mit sardischem Safran, und, ganz ausgezeichnet, *sarago al Vermentino*, Geißbrasse mit Vermentino, dem wichtigsten Weißwein Sardiniens. Fragt man Giancarlo nach seinem persönlichen Lieblingsgericht, wird er unter Umständen sofort in der Küche verschwinden und bald einen Teller voller *tagliatelle con le favette e i calamari*, hausgemachten Nudeln mit jungen Saubohnen und zarten Tintenfischen, auf den Tisch stellen, denn reden will er über ein Gericht erst, wenn der Gast es selbst probiert hat. Und zum Abschluß sein ebenso sim-

Der wahre Genuß …

Rechte Seite: … *mit Blick auf die gut geparkte Yacht*

ples wie überzeugendes *soufflé all'anguria,* aus Wassermelone, nicht zu kosten hieße, einem Sommerabend nicht seinen krönenden Abschluß zu verleihen.

Im »Dal Corsaro« in der Viale Regina Margherita gibt es diese Köstlichkeiten, je nach Marktlage, selbstverständlich auch und die bessere Gesellschaft Cagliaris liebt den gediegenen Platz, Pierluigis freundlichen Service und die neuesten Weintips, die Pina, Pierluigis Ehefrau und Sommelière des Hauses, charmant erteilt. Immer stehen auch zahlreiche Fleischgerichte auf der Karte und seit neuestem zwei preiswerte Degustationsmenüs, eines mit Rezepten aus Cagliari und ein zweites mit Gerichten aus allen Teilen der Insel. Man sollte nicht zögern zuzugreifen, wenn *capretto di Buggerru* dort zu finden ist, das Zicklein, das auf den salzigen Wiesen der Dünenlandschaft im Südwesten Sardiniens gegrast hat und dessen Fleisch folglich ganz eigen und würzig schmeckt. Im September ist das gekochte Schaf am besten, weil ohne Fett, im Dezember stellt sich dann wieder einmal die Frage: Lust oder Gewissen? Die *grive*, die Drosseln, kommen zu dieser Zeit hungrig aus Tunesien herübergeflogen und laben sich an den reifen Myrtebeeren, deren Aroma sich so positiv auf ihr Fleisch überträgt. Die Drosseln dürfen nicht geschossen, sondern müssen mit Netzen gefangen werden, ein mühsames Unterfangen, weshalb man diese Spezialität auch nur noch sehr selten findet. Und wer sein Gewissen, zu Recht, nicht überwinden will, dem sei als vegetarischer Leckerbissen eine gefüllte Zwiebel aus Banari empfohlen, einem Dorf in der Provinz Sassari, wo die

Anguidda incasada
Aal mit Schafskäse

FÜR 4 PERSONEN

400 g junge Aale
5 g grobes Meersalz
5 Lorbeerblätter
50 g reifer Pecorino, gerieben

Aale ausnehmen, Kopf abschneiden und in 5 Zentimeter große Stücke schneiden. 1 Liter Wasser mit Salz und Lorbeerblättern aufkochen. Aalstücke hineingeben und 4 Minuten kochen. Aalstücke abtropfen und auf einem aufgewärmten Teller, mit Pecorino bestreut und mit Lorbeerblättern garniert, servieren.

Triglie a ischiscionera
Rotbarben im Tontopf

Für 4 Personen

800 g Rotbarben
250 g reife Tomaten, gewürfelt
4 EL Olivenöl extra vergine
8 Basilikumblätter
Salz
5 g Schalotte, fein gehackt
4 Knoblauchzehen

Rotbarben schuppen, ausnehmen, waschen und abtrocknen. In einer Schüssel Tomaten mit Öl, Basilikumblättern, etwas Salz und 4 Eßlöffel Wasser vermischen.
In einer mit Öl eingefetteten Reine die Rotbarben, die Schalotte und die ganzen Knoblauchzehen geben. Mit der Tomatensauce bedecken und etwa 10 Minuten im auf 200 Grad vorgeheizten Ofen garen. Knoblauchzehen entfernen und servieren.

Franco und Giuseppe Argiolas

herrlich süßen, großen, weißen Dinger herkommen, die im Ofen gebacken werden.
Im Winter ist natürlich auch Giancarlo im Restaurant in der Stadt anzutreffen. Die caglieritanische Kraft und Besonnenheit, gepaart mit seiner bergamaskischen Beharrlichkeit und dem Fachwissen, das er sich im Studium erworben hat, haben aus ihm einen idealen Standesvertreter gemacht, und er hat sich den vielfältigen Aufgaben nie entzogen. Heute ist er Präsident der Vereinigung der italienischen Restaurantbesitzer und weiß wortreich deren wirtschaftlich schwierige Situation zu schildern. Besonders ungerecht scheint dem Verbandspolitiker die Bewertung von Restaurants mit Punkten, Sternen, Gabeln etc. Eine niedrige Bewertung ist oftmals lange nicht mehr loszuwerden, erscheinen die Führer doch nur einmal im Jahr, und häufig werden auch nicht alle Lokale jährlich geprüft. Ein Thema, das ihm ganz besonders am Herzen liegt, ist darüber hinaus der Wein, insbesondere der sardische Wein. Kein Wunder, war doch sein Vater einer der Gründungsväter der Associazione Italiana Sommelier, was um so erstaunlicher ist, als es bis vor kurzem in Sardinien einen auf professionellem Niveau ernstzunehmenden Wein überhaupt noch nicht gab.
Das hat sich heute grundlegend geändert. In der Gegend von Cagliari ist es vor allem das Weingut Argiolas in Serdiana, das seit Mitte der achtziger Jahre konsequent auf Qualität setzt. Die Brüder Franco und Giuseppe Argiolas erzeugen inzwischen Spitzenweine, die international gerade deshalb viel Beachtung finden, weil sie aus sardischen Trauben stammen. »Alle machen heute Cabernet«, sagt Franco Argiolas, »aber wir haben in Sardinien Rebsorten, deren Möglichkeiten wir erst zu begreifen beginnen und die die Leute interessieren.« Die wirtschaftliche Grundlage des Betriebes stellen zwei einfache, sehr gut gemachte Alltagsweine dar, »Costamolino« und »Costera«. Der »Costamolino« ist ein Vermentino della Sardegna DOC mit einem ausgezeichneten Preis-Genuß-Verhältnis, angenehm frisch und delikat dank sanfter pneumatischer Pressung und temperaturregulierter Vergärung. Dieses technisch aufwendige Verfahren in gekühlten Stahltanks kommt bei Weinen dieser Preisklasse selten zum Einsatz und zeigt die Sorgfalt, mit der hier gearbeitet wird. Auch die Ernte in den frühen, kühlen Morgenstunden reicht nicht aus, um die Trauben vor zu hohen Temperaturen und damit vor Oxydation zu schützen. Deshalb werden die meisten roten und alle weißen umgehend gekühlt. Das zweite Schlachtschiff ist der »Costera«, ein Cannonau di Sardegna DOC, ein kräftiger Trinkwein von 13 Grad Alkohol, den man gerne zu den herzhaften ländlichen Gerichten hierzulande trinkt.
Ein weiterer, unvermutet fruchtig-frischer Weißwein ist der S'Elegas, Nuragus di Cagliari DOC. Diese sardische Rebe hat sicherlich den überwiegenden Teil der auf der Insel in den letzten 20 Jahren getrunkenen Weißweine hervorgebracht. Sie ist ein klassischer Massenträger, der über 200 Doppelzentner Weinbeeren pro Hektar erzeugen kann, wobei die einzelnen Trauben nicht selten über zwei Kilogramm wiegen. »Paga deppidus« nannten deshalb die Bauern die Nuragus-Traube oder »ua de is poberus« und »preni tineddus«, Schuldenzahler, Armentraube oder Faß-

füller also. Die Weine waren meist wenig harmonisch und überstanden nur schlecht die heißen Sommer. Um so erstaunlicher, wenn ein Gut wie Argiolas von dieser Traditionsrebe nicht lassen will, und um so erfreulicher, wenn man sieht, wie segensreich eine starke Reduzierung des Hektarertrages wirken kann.

Der Wein aber, mit dem Argiolas den Blick der Weinliebhaber in aller Welt auf Sardinien gelenkt hat, ist der Turriga. Natürlich war es für deren Neugier nicht wenig hilfreich, daß der Altmeister unter den italienischen Önologen, Giacomo Tachis, bei der Entstehung dieses besonderen Tropfens Pate stand. Andere autochthone Trauben wie Carignano, Bovale Sardo und in geringen Mengen schwarze Malvasia und Sangiovese und der etwa 18 Monate lange Ausbau in neuen Barriquefässern aus französischer Eiche helfen bei der Entstehung eines samtig weichen internationalen Spitzengewächses. Vor allem aber scheint von Bedeutung, daß Franco Argiolas das Klima auf seiner Insel nicht verflucht, sondern ganz positiv sieht. »Hauptsache, die Trauben sind bei der Ernte in Bestzustand«, sagt er. Das bedeutet, daß im August, wenn ganz Italien Ferien macht, bei Argiolas die Erntezeit beginnt und erst endet, wenn die letzten Nasco- und Malvasiatrauben eingebracht sind, die zu dem wunderbaren Dessertwein »Angialis« gekeltert werden. Und dann beginnt die Ölernte, und wen erstaunt es jetzt noch, daß auch dieses Produkt von ausgezeichneter Qualität ist und 1998 den »Ercole Olivario« gewonnen hat, den ersten Preis im »Premio Nazionale per L'Olio Extravergine d'Oliva di Qualità«.

Soufflé ghiacciato all'anguria
Kaltes Soufflé aus Wassermelone

Für 4 Personen

200 g Zucker
6 Eigelb
200 g Wassermelone, passiert
400 g Sahne, steif geschlagen
Puderzucker

In einer Kasserolle bei niedriger Temperatur Zucker in 300 Milliliter Wasser lösen.
Eigelb schaumig rühren, in die Kasserolle geben und mit dem Schneebesen ganz langsam mit dem Zuckersirup vermengen.
Vom Herd nehmen und abkühlen lassen. Wassermelone hinzufügen und, wenn die Masse ganz kalt ist, die Schlagsahne.
In 4 kleine Formen verteilen und 12 Stunden tiefkühlen.
Vor dem Servieren Formen auf mit Puderzucker bestreute Teller stürzen und mit kleinen Wassermelonenschnitzen und -kügelchen garnieren.

Argiolas – auf diesen Keller blickt die Welt

Da Gianni

Teulada

Von Cagliari auf dem Weg zur Südspitze Sardiniens kommt man an Nora vorbei, wo sich die ältesten phönizischen Inschriften fanden, angebracht um das Jahr 1000 v. Chr. In einem punischen Tempel wurde die Fruchtbarkeitsgöttin verehrt, und die Römer machten 238 v. Chr. den geschützten Hafen zur römischen Hauptstadt Sardiniens. Auch bei Bithia befindet sich eine phönizisch-römische Stadtanlage, in deren Tempel man ein Bildnis des zwergwüchsigen, grotesken, ägyptischen Gottes »bes« gefunden hat. Amulette mit seinem Bildnis galten als Glücksbringer.

Einen solchen möchte man der Costa del Sud um den Hals hängen. Dieser Küstenstrich ist so, wie man Sardinien gerne in Prospekten verkauft – blütenweiße endlose Sandstrände ohne Baderummel und ein unberührtes Hinterland. Von Cagliari kommend, beginnt die Südküste bei Torre di Chia, eine Landschaft mit bis zu 30 Meter hohen Dünen. Leider wächst gleich dahinter schon bedrohlich die zukünftige Bestimmung auch dieses Naturschauspiels in die Höhe – fotogener Hintergrund für Ferienwohnanlagen, Hotels und Co. zu werden. Doch dann kommt schon bald kilometerweit kein Haus mehr in Sicht, und die Ausblicke auf das Meer sind atemberaubend.

Nach einigen -zig Kilometern, wenn man sich schon etwas wehmütig von diesen ständig neuen traumhaften Postkartenansichten verabschiedet, weil die Straße sich wieder landeinwärts Richtung Teulada wendet, treibt einen der Hunger in Richtung menschlicher Behausungen. Dann sollte man, kurz vor der Abzweigung nach Porto Vecchio, die zwei Häuser, die zusammen den Hafen Porto Budello bilden, nicht übersehen, denn kurz danach geht ein schmaler Weg hinunter zu »Da Gianni«. Abgesehen davon, daß man weit und breit ohnehin keine andere Einkehr finden würde, wäre es auch sicherlich schwer, eine bessere zu finden.

Vor 15 Jahren hatte Gianni Loi das Kellnern in Hamburg satt und deshalb den Versuch gewagt, sich in der Heimat selbständig zu machen. Da er aus Teulada stammt, das Meer liebt und eine Frau mit einer außergewöhnlichen Begeisterung für das Kochen hatte, war bald eine kleine Lokalität in Porto Budello gefunden. Seit fünf Jahren ist es nun schon das eigene kleine Haus gleich nebenan, das dieses sympathische Ristorantino mit wenigen Tischen und einer kleinen Veranda zum Meer beherbergt. Die Wände sind geschmückt mit Lithografien des Soft-Surrealisten Bruno Bruni, einem Freund aus der Hamburger Zeit und alljährlich wiederkehrenden Stammgast.

Gianni und Rita haben von Mai bis November geöffnet und empfangen ihre Gäste mit jener natürlichen sardischen Gastfreundschaft, die so angenehm zurückhaltend ist, in den touristischen Gegenden Sardiniens aber immer mehr verschwindet. Natürlich beginnt man sein Mahl mit Ritas besonderen Vorspeisen, der süßsauer eingelegten *ricciola* etwa, der Bern-

Costa del Sud (auch Bild linke Seite)

Calamari con l'uvetta
Kalmare mit Rosinen

Für 4 Personen

500 g frische kleine Kalmare, geputzt
4 EL Olivenöl extra vergine
2 Knoblauchzehen
1/2 Bund Petersilie, gehackt
1/4 l Vernaccia (ersatzweise trockener Weißwein)
50 g Rosinen, in Wasser eingeweicht

In einer Pfanne mit Öl Knoblauchzehen anbräunen, Kalmare hinzufügen und kurz anbraten. Wein angießen und verdunsten lassen. Petersilie und Rosinen dazugeben und noch wenige Minuten köcheln. Als Vorspeise servieren.

Spaghetti con le sardine
Spaghetti mit Sardinen

Für 4 Personen

400 g Spaghetti
150 g frische Sardinen, filetiert
3 EL Olivenöl extra vergine
2 Knoblauchzehen
400 g reife Tomaten, enthäutet
Salz
1/2 Glas Weißwein
1 EL Kapern
1/2 Bund Petersilie, gehackt

Knoblauch in Öl anbräunen, Tomaten kleinschneiden, dazugeben und 30 Minuten köcheln. Salzen. Weißwein und Kapern dazugeben und einige Minuten reduzieren. Die in kleine Stücke geschnittenen Sardinenfilets hinzufügen und kurz garen. Spaghetti in reichlich Salzwasser al dente kochen, mit der Sauce in der Pfanne wenden, Petersilie darüberstreuen und servieren.

Burrida
Marinierter Katzenhai

Für 4 Personen

1 kg Katzenhai (ersatzweise Seeaal oder Dornhecht)
Salz
15 Walnüsse, geschält
2 Knoblauchzehen, gehackt
1 EL Petersilie, gehackt
3 EL Olivenöl extra vergine
100 ml Weinessig

Fisch ausnehmen und häuten, Kopf und Schwanzflosse abtrennen, Leber auf die Seite legen. Unter fließendem Wasser gut waschen, quer in dicke Scheiben schneiden und in reichlich Salzwasser kochen. Abtropfen, auf einen Servierteller legen und abkühlen lassen. Walnüsse in einem Mörser mit der Leber zerkleinern. In einer Pfanne Knoblauch und Petersilie in Öl anbräunen, Walnüsse und Leber dazugeben, mit Essig begießen und 10 Minuten bei niedriger Temperatur köcheln. Die heiße Sauce über die Katzenhaischeiben gießen und 3–4 Stunden, noch besser über Nacht, marinieren. Kalt servieren.

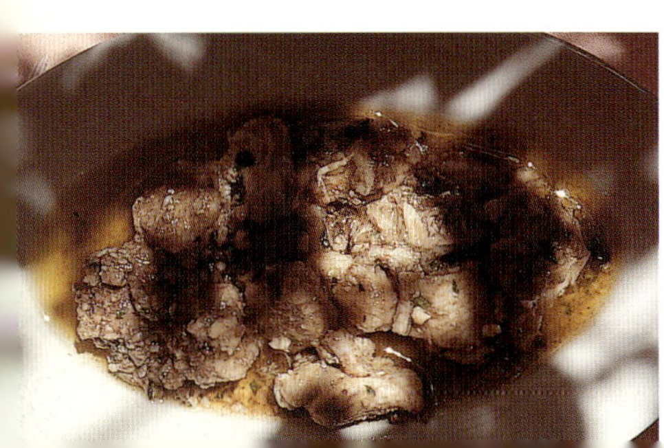

steinmakrele, oder der *palamida in agrodolce*, einem kleinen Verwandten der Thunfische, dessen Stücke zuerst fritiert und dann in einer Sauce aus passierten Tomaten, jungen weißen Zwiebeln und Weißweinessig eingelegt werden. Auch die *calamari con l'uvetta* dürfen den Gaumen noch kitzeln, bevor etwa eine *pasta con le sardine* zu bestellen wäre. Die Nudeln sind selbstverständlich hausgemacht, die Sardinen so frisch, wie es die Lage am Meer erwarten läßt. Da die Fischer fast täglich kleine Katzenhaie in ihren Netzen finden, darf auch diese für den sardischen Süden so typische Speise in Giannis Angebot nicht fehlen. *Sa burrida* nennt man den gekochten Fisch, der mit seiner Leber, Nüssen, Knoblauch, Petersilie, Essig und, bei Gianni, mit dem Öl von Ritas Tante aus Santadi zubereitet wird.
Ein Landstrich, aus dem gutes Öl kommt, ist in den allermeisten Fällen auch eine gute Weingegend. Deshalb könnte man zur *burrida* einen Wein probieren, der aus der hochinteressanten Cantina Sociale von Santadi kommt. Daß diese Winzergenossenschaft ebenso wie das Weingut Argiolas von Giacomo Tachis önologisch betreut wird, dem Erfinder so legendärer Weine wie Tignanello und Solaia, läßt an sich schon aufhorchen. Die Weine, die den Ruf der Cantina in den letzten Jahren weit über die Küsten der Insel hinausgetragen haben, werden alle aus der Carignano-Traube gekeltert. Der einfache Carignano del Sulcis DOC ist ein kräftiger Wein, aber nicht ohne Eleganz. Der Carignano del Sulcis Riserva DOC, Rocca Rubia ist ein runder harmonischer Wein aus besonderen Lagen, dem eine geringe Zugabe von Sangiovesetrauben und der Ausbau im Barrique schmeichelnd weichen Duft verleihen. Das beste Pferd im Stall ist der Terre Brune, neben dem Turriga von Argiolas der zweite große »Tafelwein« Sardiniens. Er wird aus besonders gesundem Traubenmaterial gemacht, das von Carignano-Reben stammt, deren Ertrag auf nicht mehr als ein Kilogramm pro Weinstock zurückgeschnitten wurde, und einem geringen Zusatz der lokalen Sorte Bovaleddu. Der Wein reift 18 Monate im Barrique und ebensolange in der Flasche. Sein voller, lang anhaltender Geschmack wird durch einen fruchtigen Duft nach Kirschen und warme weiche Vanille-

töne ergänzt. Daß dieser Wein des Südens in der Flasche noch wunderbar reifen kann, mag man bei Interesse selbst überprüfen, indem man sich etwa einen Terre Brune Jahrgang '90 oder '91 bestellt.

Nach seinem Genuß kann einem nur noch eine *sevadas* auf den Boden der Tatsachen zurückholen, die erdschwere Süßspeise der sardischen Hirten. Je nach Gegend auch *seadas* oder *sabadas* genannt und mit unterschiedlichen Käsesorten gefüllt, wurden die ursprünglich in Schmalz fritierten Teigtaschen im Frühjahr von den geschmückten Frauen aus den Bergdörfern den Hirten entgegengetragen, die mit ihren Schafen aus den wärmeren Niederungen am Meer heraufkamen. Gesüßt wurden sie immer und werden sie heute noch oft, so wie bei Gianni, mit dem bitteren Honig des Erdbeerbaums, weil die Pflanze der Göttin Cardea heilig war, der römischen Gottheit, die als Beschützerin des Hauses und der Familie galt. Der *miele di corbezzolo* ist der typischste Honig Sardiniens, der von Sträuchern gesammelt wird, die von November bis Februar duftend weiße Blüten tragen, aus welchen im Sommer die leuchtendroten, erdbeerähnlichen Früchte reifen. Sie sind sehr süß, und es läßt sich aus ihnen eine wunderbar aromatische Marmelade zubereiten, deren Genuß die Männer, ganz im Sinne der Göttin der guten Hausgeister, vorsichtig und sparsam machen soll. Den bitteren Honig, *mebi marigosu* auf sardisch, hat schon Horaz erwähnt, und Vergil stellt seine Bitterkeit in einem Vergleich der Süße des Thymianhonigs gegenüber. Wer sich an seinen ganz besonderen Geschmack oder seine ins Graugrün spielende Farbe nicht so recht gewöhnen kann, dem sei es unbenommen, zu seinen *seadas* auch andere sardische Honige auszuprobieren. Den *miele di cardo*, den Distelhonig, essen die Sarden gerne zu *ricotta* oder rohem Gemüse, *miele di eucaliptus, di agrumi e di asfodelo*, die Honige von Eukalyptus-, Zitrus- und Asphodelusblüten, finden auch in den Hausapotheken Verwendung, und den *miele di sulla*, den Süßkleehonig verwendet man, wegen des fast völlig fehlenden Eigengeschmacks, vor allem zum Süßen des *mirto*, dem unvermeidlichen Myrtenlikör, der natürlich auch ein Mahl bei Gianni so wohlig abrundet.

Seadas
Käsetaschen

Für 4 Personen

Für die Füllung:
550 g Sauermilchkäse
1 Glas warmes Wasser
25 g Hartweizenmehl
1 Zitrone (nur die Schale)
Olivenöl zum Fritieren

Für den Teig:
500 g Mehl
50 g Schmalz
Salz

In einer Kasserolle auf dem Herd den Käse in Wasser schmelzen lassen. Etwas Salz und die geriebene Zitronenschale hinzufügen. Gut mischen, bis der Käse fast flüssig ist, dann das Mehl dazugeben und mit einem Holzlöffel so lange rühren, bis eine feste Creme entsteht. Abkühlen lassen und mit den nassen Händen etwa 1 Zentimeter dicke Scheiben mit etwa 4 Zentimeter Durchmesser formen. Einzeln im Kühlschrank aufbewahren.
Für den Teig das Mehl mit wenig lauwarmem, gesalzenem Wasser vermengen, Schmalz dazugeben und gut durchkneten, bis der Teig glatt und fest ist. Dünn ausrollen und Kreise von 10 Zentimeter Durchmesser ausstechen. Käsescheiben auf die Hälfte der Teigblätter legen und mit den restlichen bedecken. Ränder gut zusammenfügen. Seadas in heißem Öl backen, bis sie golbraun werden. Mit bitterem Honig servieren.

Rita kocht

La Ghinghetta

Portoscuso

Sulki war der punische Name von Sant'Antioco, Hauptort der gleichnamigen Insel, die Römer machten daraus Sulcis. Heute nennt sich der schmale Küstenstreifen im äußersten Südwesten Sardiniens so, von Capo Teulada bis zur Costa Verde, einschließlich der beiden Inseln Sant'Antioco und San Pietro. Auf dem Festland gehört die Kohlestadt Carbonia dazu, die der international isolierte Mussolini in den dreißiger Jahren im sattsam bekannten faschistischen Imponierstil hochziehen ließ. Binnen kürzester Zeit wurden hier 35 000 Menschen angesiedelt, um den knappen Brennstoff zu fördern. Der kleine cholerische Diktator war damit bisher der letzte in einer langen Reihe von Invasoren, die unwiderstehlich von den Bodenschätzen der Insel angezogen wurden. Die Phönizier, erfahrene semitische Seefahrer und Händler aus der Gegend des heutigen Libanon, hatten schon im 8. Jahrhundert v. Chr. mit der Ausbeutung und Ausfuhr von Silber, Blei, Kupfer und Zink begonnen und unbekannte Luxusgüter, wie das Safran-Gewürz auf die Insel der Nuraghier gebracht. Es entstand ein großer, phönizisch-punischer Hafen und ein Damm, der die Insel Sant'Antioco mit dem Festland verband – und auch heute noch verbindet. Natürlich konnten auch die Römer dem Lockruf des Erzes nicht widerstehen. Ihre phönizischen Gegner bekämpften sie mit allen Mitteln, auch mit dem der Diskrimination. So liest man heute noch viel von blutigen und grausamen Riten, bei welchen angeblich auch Kleinkinder geopfert wurden. Urnen von Sant'Antioco, die man in einem sogenannten Tophet gefunden hat, werden gerne als Beleg angeführt. Es handelt sich dabei aber wohl um eine Gedenkstätte, an der die zahlreichen totgeborenen und früh verstorbenen Kinder beigesetzt wurden.

Im Mittelalter haben dann die italienischen Stadtstaaten ein Auge auf die verborgenen Schätze geworfen. Die zweite Bergbaustadt des Sulcis, Iglesias, wurde von Ugolino della Gherardesca gegründet, jenem finsteren Knaben, dem Dante in seiner »Göttlichen Komödie« ein unangenehmes Höllendasein zugewiesen hat. Der Name seines Ortes »Villa Ecclesarium« aus dem 13. Jahrhundert bezog sich auf die verschiedenen Siedlungen mit ihren Kirchen, in welchen sich die sardischen, toskanischen und auch deutschen Bergarbeiter niedergelassen hatten. Die Silberminen machten neben jenem Pisaner Adeligen, dem Nachfahren irgendeines germanischen Gerhards, wie der Name zeigt, auch die Stadt reich. Sie prägte bald ihre eigenen Münzen und gab sich eine eigene Verfassung und Gerichtsbarkeit, ganz nach dem Vorbild toskanischer Stadtstaaten.

Die Minen waren aber allzubald erschöpft, und erst im 19. Jahrhundert begann ein neuer Erz-Rausch. Ausgelöst hatte ihn der französische Romancier Honoré de Balzac. »Diese Geschichte, wie Balzac auf einen Schlag Millionär werden wollte, ist eine Narrheit von geradezu Balzacschen

Eine exklusive »Privatschule« – Ernesto Vacca mit seinen Söhnen Gianluca und Nicola

Industrieruinen und Dramen von Balzacschen Dimensionen

Dimensionen«, schreibt sein Biograph Stefan Zweig. Der von Gläubigern ständig bedrängte Literat und mehrfache Bankrotteur traf 1837 in Genua auf den sardischen Kaufmann Giuseppe Pezzi, der ihm von nur unzulänglich ausgebeuteten römischen Silberminen in seiner Heimat erzählte. Balzac beschloß, zusammen mit Pezzi, Minenbesitzer zu werden und zapfte bei nahen Freunden und Verwandten die letzten Geldquellen an. Ein gutes Jahr später hatte sein 100-Kilogramm-Körper nach Seekrankheit und endlosen ungewohnten Ritten durch unwegsames Gelände den Ort erreicht, zu dem seine blühende Phantasie schon längst vorausgeeilt war, um Silberbarren auf Silberbarren zu stapeln. Doch in seinem Traumland findet er Zustände vor, »wie sie sonst nur von Polynesiern oder den Hunnen zu hören sind«, wie er schreibt und, noch viel schlimmer, einen

Filetto di tonno e foie gras all'aceto balsamico

Thunfischfilet mit Foie Gras in Balsamicosauce

Für 4 Personen

4 frischeThunfischfilets
6 EL Olivenöl extra vergine
Salz
4 EL Balsamico
4 frische *foie gras* Scheiben
4 EL Fischfond

In einer Pfanne mit 2 Eßlöffel Öl Thunfischfilets anbraten, salzen, Balsamico hinzufügen und 4–5 Minuten garen. Herausnehmen und auf einen aufgewärmten Teller legen. In derselben Pfanne *foie gras* ganz kurz anbraten, salzen, herausnehmen und auf die Thunfischfilets legen. Die Bratsauce mit dem Fond und dem restlichen Olivenöl vermengen, über die *fois gras* gießen und servieren.

Frischer Fang im Hafen von Portoscuso

Geschäftspartner, der, angefeuert durch Balzacs Euphorie, in der Zwischenzeit die Schürfrechte für sich ganz alleine gesichert hatte.
Man darf wohl annehmen, daß Ernesto Vacca, »il dottore«, wie ihn alle nennen, und Besitzer des Ristorante La Ghinghetta, kein zweiter Balzac zu werden beabsichtigt. Er verdient sein Geld mit der Bordverpflegung von Flugzeugen, die in Sardinien starten, und leistet sich das kleine gastronomische Juwel mit dem Namen der meerumspülten Felsen vor dem Fenster, gleichsam als Privatschule für seine Söhne Gianluca und Nicola, die abwechselnd in Küche und Service arbeiten. Eines der verlassenen Minengebäude, nur einige Kilometer von seinem Restaurant entfernt, hat er sich aber doch gekauft, »ausschließlich zum Privatvergnügen und wegen der schönen Lage«. Schön gelegen sind viele der aufgelassenen Minen, in denen Männer, Kinder und oft auch Häftlinge schufteten. Frauen trugen die Ausbeute in Körben auf dem Kopf zu den Segelschiffen hinunter zum Meer. Eines der atemberaubendsten Beispiele solcher inzwischen gerne als Industriedenkmäler schöngefärbten Gebäude, ist sicher das Hotel Le Dune in Piscinas di Ingurtosu an der Costa Verde. Es ist zwar, im Gegensatz zur Aussage im Hotelprospekt, alles andere als leicht zu erreichen, wenn man aber respektive das Auto die sieben Kilometer Buckelpiste vorbei an gespenstischen Ruinen und glitzernden Abraumhalden und den tückischen Dünensand gut überstanden hat, findet man in alten, restaurierten Gebäuden der Bergwerksgesellschaft eine komfortable Bleibe inmitten von Wildnis und Einsamkeit, von einem Oberst der Armee, der Mitbesitzer ist, allerdings mehr kommandiert als geleitet.
Diese einmalige Dünenlandschaft ist zum Glück weitgehend menschenleer. An den kilometerlangen Stränden legen noch Meeresschildkröten ihre Eier in den heißen Sand. Da man nicht mitverschulden will, daß sich an diesem paradiesischen Zustand etwas ändert und das Essen im Hotel einen auch nicht unbedingt zu längerem Bleiben animiert, empfiehlt sich als Ausgangspunkt zur näheren Erforschung der Sulcis doch eines der netten Gästezimmer über dem Ristorante Ghinghetta, mit Blick auf das Meer und hinüber zur Insel San Pietro.
Bei der Anfahrt zum kleinen Fischer- und Yachthafen Portoscuso mag in manchem allerdings die Regung wach werden, das Steuer seines Wagens sofort herumzureißen und das Weite zu suchen. Die Silhouetten riesiger scheußlicher Fabrik- und Kraftwerksanlagen in Portovesme schieben sich ins Blickfeld. Den Aluminiumwerken verdankt die Gegend aber ihren Reichtum, Ernesto Vacca verdankt ihnen seine Gäste, und wir haben unsere helle Freude am besten Restaurant der Insel. Dem Maestrale, dem grimmigen Nordwind, der aus dem französischen Rhonetal bis hier herunter pfeift, ist es schließlich zu verdanken, daß die Abgase aus den rotweißen Schornsteinen nicht in Richtung Portoscuso wehen.
Im Ort angekommen, vergißt man schnell, was man von hier zum Glück nicht sieht oder riecht. Der kleine Hafen und der Ort selbst haben noch ganz den Flair der vorindustriellen Zeit und in Portupaleddu, der Badebucht hinter dem obligaten Sarazenenturm, regt sich nur ganz zaghaft etwas Tourismus. Wenn vor dem Essen noch Zeit bleibt, sollte man sich

Fregula in brodo di cicala
Grießkugeln in Bärenkrebssuppe

FÜR 4 PERSONEN

200 g grober Hartweizengrieß
lauwarmes Wasser
Salz
1 frischer Bärenkrebs ca. 600 g (ersatzweise Hummer)
2 Knoblauchzehen, gehackt
6 EL Olivenöl extra vergine
150 g reife Tomaten, klein gewürfelt
1/2 Bund Petersilie, gehackt
2 Schöpflöffel Fischfond
4 Safranfäden (ersatzweise 1 Tüte Safranpulver)

Den Boden einer flachen Schüssel mit Grieß bedecken und einige Spritzer Wasser und Salz hineingeben. Mit den Fingern langsam den Grieß mit dem Wasser verrühren, bis sich kleine Kugeln bilden. Diese im 150 Grad warmen Ofen einige Minuten trocknen. In einer großen Pfanne Knoblauch in Öl anbräunen, den Bärenkrebs halbieren, Innereien entfernen und in Stücke geschnitten hinzufügen und anbraten. Tomaten und Petersilie dazugeben, salzen und 5 Minuten köcheln. Fischfond und Safran dazugeben, aufkochen, die Grießkugeln dazufügen und 10 Minuten kochen.

Tagliolini allo zafferano e ragù di mare
Bandnudeln mit Safran und Meeresragout

FÜR 4 PERSONEN

Für die Käsekörbchen:

200 g Pecorino oder Parmesan, gerieben

Für die Nudeln:

400 g Tagliolini
400 g Miesmuscheln
400 g Venusmuscheln
2 Knoblauchzehen
1/2 Bund Petersilie, gehackt
6 EL Olivenöl extra vergine
1 Peperoncino
200 g Krebsschwänze, geschält
200 g Fischfilet (Knurrhahn o.ä.), gewürfelt
200 g geschälte Tomaten
1/2 Glas Weißwein
8 Safranfäden (oder 2 Tüten Safranpulver)

Den Käse in einer kleinen Teflonpfanne erwärmen. Wenn der Käse geschmolzen ist, über vier gestürzte Schüsseln gießen, die vorher eine Stunde im Tiefkühlschrank kalt gestellt wurden. Die Käsekörbchen erhärten lassen. Miesmuscheln und Venusmuscheln in einer großen Pfanne mit 2 Eßlöffel Öl, 1 Knoblauchzehe und Petersilie öffnen lassen. Die entstandene Flüssigkeit filtern und aufheben. Das Fleisch aus den Muscheln lösen. Zweite Knoblauchzehe und Peperoncino im restlichen Öl anbraten und entfernen. Krebsschwänze und Fischfilet anbraten, Tomaten dazugeben und 10 Minuten köcheln. Mit Weißwein begießen und Alkohol verdunsten lassen. Muschelfleisch und -wasser hinzufügen und 8 Minuten ohne Deckel kochen. Safran beigeben. Tagliolini in reichlich Salzwasser al dente kochen und in der Pfanne mit der Sauce schwenken. Tagliolini in den Käsekörbchen servieren.

unbedingt nach Ignazio erkundigen, einem Freund des Hauses Vacca. Er schließt Besuchern gerne die alte Thunfischfangstation gegenüber auf und entführt sie in eine andere Welt, die in stiller Schönheit immer mehr zerfällt. Da stehen in wunderschön gewölbten Räumen die alten feldbettartigen Vorrichtungen, auf welchen man die Thune zerlegt hat, und die alten Salzfässer. In der Ecke liegen Seile und Winden, und Ignazio gibt einem einen Fetzen sorgfältig geknüpftes Thunfischnetz in die Hand, dessen Gewicht auch in trockenem Zustand Bände über die mühselige Schufterei der »tonnarotti«, der Thunfischfänger, früherer Zeiten spricht.
Um den zum Meer hin offenen Innenhof der barocken »tonnara«, deren Bau der spanische Vizekönig 1650 genehmigte, liegen die Bogengänge mit den Kammern der »tonnarotti« dahinter, die oft viele Wochen mit dem Fang und der Verarbeitung der bis zu 350 Kilogramm schweren Fische beschäftigt waren. Auch zur kleinen Kirche, die dem heiligen Antonius geweiht war, gelangte man von hier. Am beeindruckendsten aber sind die riesigen, man möchte sagen »sterbenden« Holzschiffe, die ehedem, mit Netzen und insgesamt etwa 80 mutigen Männern beladen, den Fischschwärmen entgegenzogen. Von manchen sind nur noch Gerippe geblieben: von den »bastarde«, die dem Transport und nicht dem Fang dienten, oder von den kleineren »pascarmoto«, die den Thunen den Fluchtweg versperrten, wenn sie in die »camera della morte« getrieben worden waren, wie man das Netz zwischen den Fangschiffen bezeichnete. Diese, die »vascelli«, schauen in ihrer stillen Agonie und beeindruckenden Größe immer noch so aus, als könnten sie in wenigen Stunden wieder seetüchtig gemacht werden und zu einer »mattanza« auslaufen. Nur, ein Fangergebnis, wie es etwa von 1862 überliefert ist, wo bei zwölf »mattanze« 10 133 Tonnen Thunfisch von diesen Booten hier angelandet wurden, das wird es wohl nie mehr geben. 1998 war eine ausnehmend gute Saison und die beiden heute vereinigten Fangstationen von Carloforte und Portoscuso brachten es zusammen, mit modernem Gerät, auf ganze 2 230 Tonnen. Der Thunfisch leidet unter seinem massenhaften Verbrauch. Natürlich lie-

ben vor allem japanische Feinschmecker das rote, weißgeäderte Fleisch, fest und zart zugleich, fettarm, doch nahrhaft, das sich so trefflich für Sushi oder Sashimi verwenden läßt. Die eigentliche Gefahr geht aber wohl von den Dosen aus, in die das wunderbare Naturprodukt in großen Mengen abgefüllt wird, um irgendwo achtlos als Fast food verdrückt zu werden. In der besten Fangzeit von April bis Juni bauen sich Fabrikschiffe vor der Straße von Gibraltar auf und fangen die Schwärme ab, die aus den kälteren Meeren zum Mittelmeer zur Laichablage streben. Dank übermäßiger Fangmengen, die mit bis zu 130 Kilometer langen Fangleinen mit Ködern und Hacken erreicht werden, ist heute vor allem der Blauflossen-Thun von der Ausrottung bedroht, und der Fang im Mittelmeer sinkt immer mehr zur Bedeutungslosigkeit herab.

An diesem Drama haben die 18 Feinschmecker pro Abend aber sicherlich keinen Anteil, die sich glücklich schätzen dürfen, im »Ghinghetta« einen Platz gefunden zu haben. »Quando del mare si assapora il suo fascino, impossibile non gustarne i sapori«: »Wenn man der Faszination des Meeres erlegen ist, ist es unmöglich, es nicht schmecken zu wollen«, steht ganz oben auf der Speisekarte. Dann folgen die Gerichte, immer eine ganze Reihe davon mit *tonno di corsa* zubereitet. Unerfahrene könnten das mit Rennthunfisch übersetzen und wären sicherlich ein wenig erstaunt, denn würde es ein solches Tier geben, wäre es doch sicher das Ergebnis langer Dressur, und warum sollte es dann auf der Speisekarte erscheinen. Die Lösung dieses Übersetzungsproblems liegt darin, daß die Fischer die zie-

Crème brûlée allo zafferano
Crème brûlée mit Safran

Für 4 Personen

1/4 l Sahne
1/4 l Milch
4 Eigelb
50 g Zucker
Orangenschale, gerieben
1 Tüte Safran
brauner Zucker zum Bestreuen

Alle Zutaten miteinander glatt verrühren. In vier feuerfeste Formen füllen. Im Wasserbad im auf 150 Grad vorgeheizten Ofen 1 Stunde garen. Im Ofen abkühlen lassen und über Nacht im Kühlschrank kalt stellen. Vor dem Servieren dünn mit dem braunen Zucker bestreuen und ganz nahe unter dem Grill oder mit einer Lötflamme zu blondem Karamel schmelzen.

Oben: *Die Dünenlandschaft bei Ingurtosu*

Mitte: *In der alten Thunfischfangstation*

Rechts: *Wie aus einer anderen Zeit – die Straßen von Portscuso*

henden Thunfische so nennen und sie damit von den wesentlich fetteren Fisch-Kollegen unterscheiden, die sich das Leben durch einen permanenten Aufenthalt etwa vor den Küsten Liguriens oder Tunesiens leichter machen.

Auf der Karte findet sich auch immer ein preiswertes Tagesmenü, das etwa folgendermaßen ausschauen kann: *tonno di corsa, bottarga e il suo musciame, scaloppa di tonno all'aceto balsamico e foie gras, tagliolini casarecci, zafferano e ragù di mare, fantasia di pesce sui carboni ardenti, crème brûlée*, das sind Thunfisch mit Rogen, auf Eis und mit einem Wachteleigelb serviert, eine Scheibe Thunfischfilet, die mit Balsamico und Gänseleber zu einem Geschmacksfeuerwerk verbunden wird, eine hausgemachte zarte Eiernudel mit einer delikaten Muschelsauce, mit Safran abgeschmeckt und fangfrische Fische, auf der Holzkohle mit viel Gefühl und Liebe zum delikaten Fleisch gegrillt.

Eine göttliche Speise ist *fregula in brodo di cicala*, kleine handgemachte Hartweizengrießkügelchen in Bärenkrebssuppe, zubereitet aus seiner

Majestät dem Bärenkrebs höchst persönlich, dem König aller Schalentiere, dessen Geschmack seine äußerliche Häßlichkeit vergessen läßt. Wenn er auf der Karte auftaucht – Tagesmenü vergessen und sofort zugreifen! Wenn man ihn zu Hause einmal finden sollte, ist auch eine einfachere Zubereitung höchst befriedigend – gekocht und mit etwas Olivenöl, Zitronensaft und einem Spritzer Balsamico. Dies gilt ebenso für den geläufigeren Hummer, der auch bei »Ghinghetta« ersatzweise mit der *fregula in brodo* verwendet wird. Zum Abschluß ist in jedem Falle *crème brûlée* angesagt, weil es die Lieblingsnachspeise des Hausherrn ist und er sich gar nicht bemüht, seine Bewunderung für die französische Küche zu verbergen. Nicht zuletzt dieser verdankt das Auge des Gastes den erfreulichen Anblick der aufgetragenen Speisen, deren Präsentation auch den Ästheten befriedigt. Der Gaumen verdankt ihr überraschende und sehr gelungene neue Geschmackskombinationen.

Die Verpflichtung gegenüber den lokalen Küchentraditionen spürt man vor allem in der Verwendung traditioneller sardischer Produkte, weshalb auch der Safran in so vielen unterschiedlichen Verwendungen auftaucht. Im größeren Maßstab wird Safran in der Provinz von Iglesias angebaut, aber viele Familien in ganz Sardinien haben ihn im eigenen Garten. Die Felder des lilablühenden »Crocus sativus«, die sich allein in der Gegend der Gemeinde San Gavino Monreale nordöstlich von Iglesias über 19 Hektar erstrecken, sind ein Fest für das Auge. Die Verwendung von Safran als Gewürz war schon in der Antike weit verbreitet. Darstellungen der Krokuspflanzen, die ursprünglich aus Anatolien stammen, finden sich in Fresken im Palast von Knossos aus dem zweiten Jahrtausend v. Chr. und auf kretischen Vasen, und bis heute kommt der bekannteste griechische Safran aus dem Dorf Krokos. Auf Sardinien beginnt die Ernte im Dezember. Früh am Morgen, bevor die Blüten sich öffnen, werden sie geerntet. Noch am gleichen Tag werden die Stempel entnommen und in Öfen getrocknet. Pro Hektar erntet man so etwa sechs bis acht Kilogramm Blütenstempel, wobei für ein Kilogramm dieses »Goldes von Sardinien« 120 000 Blüten benötigt werden. Wenn man dieser Goldader so nahe ist, sollte man sich auch daran ergötzen, denn ein sardisches Sprichwort sagt: »Su molenti non pappat zaffaranu«, was soviel sagen will wie: »Ein Esel, wer keinen Safran ißt.«

Kleine Vorspeise aus dem Tagesmenü – Thunfischrogen mit Wachtelei

Seine Majestät der Bärenkrebs

Sicher bewacht – die kleine Badebucht von Portupaleddu

Da Nicolo

Carloforte

Eine Erinnerung an die koloniale Vergangenheit – Pietro mit *cuscus*

Linke Seite: *Vela latina – da werden Segler sentimental*

Siesta in Carloforte

Im Gefolge Kaiser Karls V., der gegen Süleiman den Prächtigen Krieg führte, kamen im Oktober 1541 ligurische Korallenfischer auf die genuesisch besetzte Insel Tabarka, vor der tunesischen Küste. Als Genua dann zu Beginn des 18. Jahrhunderts seine Kolonien nicht mehr halten konnte und sich die Korallenbänke vor dem 600 Meter langen und 400 Meter breiten Eiland ohnehin erschöpft hatten, fügte es sich gut, daß der neue sardisch-piemontesische König Carlo Emanuele III. von Savoyen Siedler für die verlassenen Inseln im Süden Sardiniens suchte. Also zog die kleine Gemeinschaft von 473 Menschen wieder ein Stück Richtung Norden, sprach weiter ihr »pegliese«, den alten Genueser Dialekt, und aß weiter Genueser Speisen wie *pesto, trofie* und *baccalà*, ligurische Basilikumsauce, die typischen Nudeln und Klippfisch, aber auch einiges, was sie vor der Küste Afrikas kennengelernt hatte, wie das arabische *cuscus*, das sie *cashcà* nannten. Diese Küche firmiert bis heute unter dem Namen »Cucina Tabarkina«.

Denselben Weg war laut Legende auch der Apostel Petrus gegangen, hatte aber die Insel, die heute seinen Namen trägt, nur als Zwischenaufenthalt betreten. Die neuen Siedler wollten bleiben und gründeten sogleich eine

Thunfischfang – historische Aufnahme

Mousse di tonno
Thunfischmousse

Für 4 Personen

300 g in Öl eingelegter Thunfisch
150 g Butter
Saft von 1/2 Zitrone

Thunfisch im Mixer pürieren, mit der zimmerwarmen Butter gut vermengen, Zitronensaft dazugeben und servieren.

befestigte Bergsiedlung mit einem schmucken Hafen, die sie zu Ehren des Savoyerkönigs Carloforte nannten. Der Reisende, der von Sardinien kommt, freut sich an den frischen Farben der Genueser Architektur und dem bunten Leben auf allen Straßen, das am Abend in der traditionellen »passeggiata« unter Palmen, entlang dem Hafen seinen Höhepunkt findet. Für Nicolo, der seit seinem 15. Lebensjahr in Vaters Hotel gearbeitet hatte, bot diese Gewohnheit der Carlofortianer die Gelegenheit, sich 1961, mit zarten 17 Jahren, mit einem kleinen Lokal an der Uferpromenade selbständig zu machen. Am Anfang gab's »pizza al taglio«, ein richtiger Renner unter den Altersgenossen. Im Laufe der Zeit lernte Nicolo dazu, heute ist »Da Nicolo« eine Institution, was die Cucina Tabarkina betrifft, mit einer Winterresidenz im Inneren des Ortes und einem großen Gazebo auf der

Cashcà
Cuscus

Für 4 Personen

1 kg gemischtes Gemüse (Karotten, Wirsing, Kohl, Zwiebeln, Zucchini, Erbsen)
1 TL Currypulver
Muskatnuß
300 g grobkörniger Hartweizengrieß
1 EL Butter
Salz, Pfeffer

Gemüse in Stücke schneiden, Curry dazumischen, reichlich Muskatnuß darüberreiben und in einem Topf mit Salzwasser garen. Den Grieß in ein Sieb geben, mit einem Tuch zudecken, über den Topf hängen und im Dampf dünsten. Wenn er gar ist, mit der Butter gut vermengen und mit etwas Gemüsewasser anfeuchten. Grieß und abgetropftes Gemüse vorsichtig vermischen und lauwarm servieren.

Fischerboote unter lateinischen Segeln – historische Aufnahme

Uferpromenade vor der Urzelle, die heute die Sommerküche beherbergt. Nicolos Kunden sind meist Genuesen, die es lieben, auf der unspektakulären Insel ihren Urlaub zu verbringen und den in ihrer Heimat längst vergessenen alten Dialekt zu hören. Tagsüber sind sie meist mit den Booten auf dem Wasser und haben sich entlang der zerklüfteten Küste einen ruhigen Badeplatz gesucht. Die Sportlicheren gehen segeln, möglichst auf den alten Booten mit den schrägen lateinischen Segeln, wie sie die Fischer bis vor wenigen Jahrzehnten so gerne benutzt haben, weil die Segel an Deck ausreichend Platz zum Arbeiten gelassen haben. Heute sind diese Segelboote die besonderen Schützlinge und Schmuckstücke des Segelklubs gleich neben Nicolos Lokal und haben fast nur noch an diesem Ort fernab aller Moden überdauert. Während an der Costa Smeralda die Sieger einer Regatta von »megasailers« im exklusiven Club mit Damen in Lang und Herren in Blazer gefeiert werden, erhalten sie in Carloforte als Trophäe eine kräftige Ration Inselwein. Viele Genuesen, die den Rummel und die Eitelkeit anderer Teile Sardiniens scheuen, haben »auf dem Land« eines der kleinen Bauernhäuschen liebevoll restauriert, die so sehr an spanische Fincas erinnern, oder sich in der griechisch bzw. nordafrikanisch anmutenden verwinkelten Altstadt von Carloforte eine Wohnung genommen.

Bei Nicolo trifft man sich, »weil man gut ißt, weil es ohnehin sonst kaum etwas zu tun gibt und man außerdem sehen muß, welches Kopftuch er heute trägt«, wie einer seiner Gäste erklärt. In der Küche verrichtet längst Sohn Pietro die hauptsächliche Arbeit, der zweitgeborene Antonello sorgt für flinken Service, und so kann Nicolo sich in aller Ruhe eines seiner zahllosen Kopftücher in Piratenmanier um den Kopf binden und hinaus auf die Bühne des Lebens treten. Dort entpuppt er sich als wahrer Botschafter des herrlichen Thunfisches und beginnt die Vorstellung seiner kulinarischen Qualitäten mit der Präsentation einer *mousse di tonno*, Thunfischmousse. Ist er gut gelaunt, holt er noch eine Dose selbst eingelegten Thun-

Maccaruin pasticciati
Röhrennudeln mit Pesto

Für 4 Personen

400 g kleine Röhrennudeln
4 EL Pesto
4 EL Tomatensauce
30 g Parmesan, gerieben
30 g Pecorino, gerieben

Für den Pesto:

1 Bund Basilikum (nur die Blätter)
20 g Pinienkerne
1 EL Olivenöl extra vergine
Salz

Zutaten für den Pesto im Mixer verquirlen. Mit Tomatensauce und Käse vermischen. Nudeln in reichlich Salzwasser al dente kochen, mit der Sauce gut vermengen und servieren.

Tonno alla carlofortina
Thunfisch nach Carlofortiner Art

FÜR 4 PERSONEN

- 4 Scheiben frischer magerer Thunfisch (Rücken oder Schwanz) à 100 g
- 2 Knoblauchzehen
- 4 EL Olivenöl extra vergine
- 8 reife Tomaten, enthäutet und gewürfelt
- 8 Lorbeerblätter
- 4 EL Weinessig

In einer Pfanne die Knoblauchzehen in Öl anbräunen und entfernen. Thunfisch hinzufügen und anbraten. Tomaten und Lorbeer dazugeben, 5 Minuten köcheln, dann mit Essig begießen, diesen verdunsten lassen und servieren.

Reicher Fang – Petersfisch, Goldbrassen und Langusten

fisch aus seinem Versteck und erklärt, daß diese ihm eigentlich das Überleben im nächsten Winter hätte sichern sollen.
So war es tatsächlich einmal. Von der reichen Beute im Frühjahr versuchte man möglichst viel haltbar zu machen, und nichts wurde weggeworfen. Den *belu*, den Magen, legte man genauso ins Salz wie die *bodano*, die besten Teile des Filets, die, nachdem sie im Salz getrocknet waren, *musciame* genannt wurden, abgeleitet vom arabischen mushamma für trocken. Ein ganzes Jahr lang konnte man sich davon seine Scheiben abschneiden. Auch der *gargarozzolo* und die *spinella* landeten im Salzfaß, die Teile gleich unter dem Maul und das in Stücke zerteilte Rückgrat mit Resten der besten Fleischteile des Fisches. Ersteres aß man im Winter mit Kartoffeln, zweiteres wurde mit Zwiebeln und Kräutern gekocht und abgeschält. Die *culatta*, das hinterste Teil des Fisches ist sehr mager und wurde in Öl eingelegt, die *ventresca*, die Bauchlappen, sind fett und eignen sich besonders zum Grillen. Sie wurden wie die *surra* genannten restlichen Innereien frisch gegessen. Am wertvollsten aber war immer die *bottarga di tonno*, der in Salz getrocknete Rogensack, und sie ist es bis heute geblieben.
Natürlich kommen bei Nicolo auch alle anderen Gerichte der Inseltradition auf den Tisch, allen voran die *cashcà*, die er mit verschiedenen Gemüsen zubereitet und mit zwei verschiedenen Saucen serviert, einer scharfen Currysauce und einer Fleischsauce, allerdings nicht mehr traditionell aus dem strengen Hammelfleisch, sondern mit Geflügel- und Kalbfleisch. Auch die *capponata* findet man bei ihm noch, die ihren antiken Ursprung nicht verheimlichen kann. Die Brotsuppe mit Thunfisch und Gartengemüse wurde vom »caupo« serviert, dem Wirt der »cauponae«, der Wirtshäuser des alten Rom, wo man auch die *farinata di ceci*, die Fladen aus Kichererbsenmehl, schon kannte.
Und wenn Nicolo seine »Öffentlichkeitsarbeit« in Sachen Cucina Tabarkina einmal über oder sonstwie Zeit hat, dann fährt er mit dem Boot hinaus aufs Meer zum Fischen. Im Süden des Städtchens kommt er an den alten Salinen vorbei, wo die Flamingos stehen und die Algen aus dem salzigen Wasser filtern, die ihr Federkleid unter den Flügeln so schön rot färben. Ein anderes Mal geht er zu seiner kleinen Landwirtschaft im Inselinneren und spielt Gemüsegärtner oder erntet seine Zitronen. Alles kommt natürlich dem Lokal zugute – die Fische kommen auf den Grill, das Gemüse in die Kochtöpfe, und die Zitronen werden zu Limoncello, dem hausgemachten Zitronenlikör, den man so gerne als Digestif trinkt, denn es muß ja nicht täglich Mirto sein.

Ein besonderer Moment – Nicolo öffnet eine Dose mit selbst eingelegtem Thunfisch

Semifreddo al miele di corbezzolo con pistacchi
Halbgefrorenes mit bitterem Honig und Pistazien

Für 4 Personen

6 Eigelb
150 g Zucker
1 EL bitterer Honig
500 g Schlagsahne
3 Eiweiß
100 g grüne Pistazien, gemahlen

Eigelb mit Zucker schaumig schlagen. Den mit etwas warmem Wasser verdünnten Honig hinzufügen. Im Wasserbad erhitzen und dabei mit dem Schneebesen so lange schlagen, bis alles schön schaumig ist.
Sahne und, getrennt, Eiweiß steif schlagen.
Zuerst die Sahne, dann das Eiweiß unter den Honigschaum ziehen. Pistazien dazugeben und in einer Schüssel für einige Stunden in den Kühlschrank stellen. Wenn das Halbgefrorene die Konsistenz von Speiseeis hat, mit etwas Honig servieren.

Bottarga und Vernaccia

Oristano

Von den etwa sieben Millionen Touristen, die alljährlich Sardinien besuchen, hauptsächlich der Sonne wegen und zum Baden in sauberem Meereswasser, kommen nur knapp 300 000 in die Gegend von Oristano in der Mitte der sardischen Westküste. Die Sinis-Halbinsel hat wunderschöne Strände, diese sind sonntags mit dichtem Familienleben angefüllt. Die Einheimischen strömen dann zum gut zwei Kilometer langen Sandband von Is Arenas oder nach Is Arutas, dem einzigartigen Strand aus reiskorngroßen, strahlend weißen Quarzkörnern. Ansonsten ist der große Gestalter dieser Landschaft der Wind, der alles niederhält, was höher als einen Meter wachsen will.

Am Südende der Halbinsel Sinis liegt an der letzten Straßenkreuzung das alte Pilgerdorf San Salvatore, dessen besondere Atmosphäre in den sechziger Jahren italienische Filmteams angezogen hat, die hier ihre Spaghetti-Western drehten. Auch in den staubigen Sandstraßen des kleinen Ortes San Giovanni di Sinis fühlte man sich, vor allem in der sommerlichen trockenen Gluthitze, die hier unten herrschen kann, wie in den Wilden Westen versetzt, wären da nicht die unübersehbaren Zeugen einer langen Geschichte. Am Straßenrand steht die aus dem 5. Jahrhundert stammende byzantinische Kuppelkirche, errichtet aus den Steinen des nahen antiken Hafens, in den Dünen stehen noch einige der letzten Fischerhütten aus Schilfgras und ganz am Ende der Fahrstraße stößt man auf die weitläufige Ausgrabung von Tharros, der phönizisch-punisch-römischen Stadt in schönster Küstenlage. In der Mitte des vergangenen Jahrhunderts gab es hier einen regelrechten Goldrausch. Nachdem man phönizische Gräber unter den Dünen entdeckt hatte, durchwühlte die hungrige einheimische Bevölkerung den Sand. Alle Grabbeigaben und sonstigen Fundstücke konnten sie bei herbeigeeilten vornehmen ausländischen Hobbyarchäologen versilbern. Auch was der Staat für sich sicherte, war so sicher nicht, hat sich doch erst kürzlich herausgestellt, daß die meisten Prachtstücke aus Tharros, die bis heute im British Museum zu sehen sind, vom damaligen Direktor des Museums von Cagliari heimlich dorthin verkauft worden waren. Der Blick schweift von einer kleinen Anhöhe über das Ruinenfeld, das in seinen vielfältigen Überbauungen nicht leicht zu begreifen ist und in seinen tiefsten Schichten wiederum ein phönizisches Tophet, ein Urnenheiligtum, enthält, geht bis zum Sarazenenturm am Capo San Marco und zurück zum Salzwassersee »Stagno di Mistras«.

55 Vogelarten brühten in und um die meernahen Binnenseen, Lagunen oder Altwasser um Oristano. Die Römer nannten den Ort Aristanis, »zwischen den Stagni«, deren Gewässer ganz unterschiedlichen Salzgehalt aufweisen. Flamingos, »sa zente rubia«, das rote Volk, wie die Sarden sagen, Störche und Silberreiher, die manchmal auch mitten zwischen Schaf-

Die Steine für die byzantinische Kuppelkirche in S. Giovanni di Sinis …

Linke Seite: … *stammen vom antiken Hafen Tharros*

Paolo Contini – Herr der Vernaccia di Oristano

San Salvadore, Drehort vieler Italo-Western

herden auftauchen, die Stelzenläufer, Seeregenpfeifer, Säbelschnäbler, Kormorane und einige Falkenarten sind unter ihnen. Rohrdommeln und -weihen nisten in den Schilfwäldern an den Ufern der ausgedehnten Feuchtbiotope, auch die Stock- und die fast ausgestorbene Ruderente, das Bläß- und das seltene Purpurhuhn. Der mit ungefähr 2000 Hektar größte unter diesen »stagni« ist der Stagno di Cabras. Er war seit spanischer Zeit Besitz der Krone und wurde von Philipp IV. 1652 gegen ein Darlehen an den Genueser Bankier Vivaldi verpfändet, dessen Erben ihn an sogenannte »Barone« verpachteten und später verkauften.

Das Städtchen Cabras wurde ursprünglich von den Menschen aus Tharros gegründet und mit den Steinen des antiken Handelsplatzes gebaut, als sich die Küstenlage als zu gefährlich erwies. Mit dem Verbot des freien Zuganges zum See durch die Barone war die natürliche Nahrungsquelle unzugänglich geworden. Nur angestellte Fischer durften zum Profit der Herren die überreichen Fischbestände ausbeuten, den anderen drohten strengste Strafen. Um Hungeraufstände und Schwarzfischen zu vermeiden, gab es ein kleines Zugeständnis, die »is fassonis«. Diese heute gerne als romantisches Fotomotiv verwendeten Boote aus Riedgrasbündeln, die ausschauen, als stammten sie direkt aus Ägypten, konnten nur einen Mann tragen, und der durfte nur mit einem langen Schilfrohr ein paar Fischchen aufspießen. Erst nachdem der letzte Besitzer Don Efisio 1978 auf ungeklärte Weise verschwunden war, hat sich der Staat endlich des Sees angenommen und seine Nutzung an Fischercooperativen aus Cabras delegiert.

Anguidda con uvetta
Aal mit Rosinen

Für 4 Personen

800 g frischer Aal
3 EL Olivenöl extra vergine
1 Knoblauchzehe
1 Lorbeerblatt
1/2 Bund Petersilie, gehackt
2 getrocknete Tomaten, gehackt
2 EL Rosinen
1 Peperoncino
Salz
1/2 Glas Vernaccia (ersatzweise Sherry)

Aale ausnehmen, waschen und in Stücke schneiden. Knoblauchzehe in Öl anbräunen, Aalstücke hinzufügen und anbraten. Lorbeer, Petersilie, Tomaten, Rosinen und Peperoncino dazugeben und salzen. Vernaccia angießen und zugedeckt bei niedriger Temperatur 20 Minuten schmoren. Als Vorspeise servieren.

Die Hochseefischer der Region wurden vom Staat zur selben Zeit, allerdings aufgrund von Fehlplanung, mit einem riesigen neuen Hafen bei Marina di Torre Grande bedacht. Dieser war für Frachter geplant, die Rohstoffe für und Fertigwaren von einer riesigen Kunstfaserfabrik transportieren sollten, die aber, wieder einmal und wie bei staatlichen Projekten nur allzu oft, völlig am Bedarf vorbei geplant war. Heute liegt an den riesigen Kais zwar die größte Fischfangflotte der Insel, aber selbst sie wirkt zwischen dem vielen Beton, der sich so brutal eines Stückchens dieser wertvollen Lagunenlandschaft bemächtigt hat, völlig verloren. Die Boote bringen frischen Fisch, große Prachtexemplare und viele schmackhafte *pesce di scoglio*, die Fische der felsigen Küsten. Der Betrieb läuft aber so ruhig, daß

Spaghetti aglio, olio e Vernaccia
Spaghetti mit Knoblauch, Öl und Vernaccia

Für 4 Personen

400 g dünne Spaghetti
6 EL Olivenöl extra vergine
3 Knoblauchzehen, gehackt
1 Peperoncino
1 Bund Petersilie, gehackt
1 Glas Vernaccia

In einer Pfanne Knoblauch und Peperoncino in Öl anbräunen, Petersilie und Vernaccia hinzufügen und reduzieren. Die in reichlich Salzwasser al dente gekochten Spaghetti in dieser Sauce wenden und sofort sehr warm servieren.

Malvasia aus den Monti Ferru

Frische Meeräschen

Agnello con lattuga e Vernaccia
Lamm mit Kopfsalat und Vernaccia

FÜR 4 PERSONEN

1 kg Lamm
4 EL Olivenöl extra vergine
2 Knoblauchzehen
Salz
1/4 l Vernaccia
2 Kopfsalate

Lamm in große Stücke schneiden und diese mit dem Knoblauch in Öl in einer Kasserolle anbraten. Salzen, Vernaccia angießen. Nach einigen Minuten Lamm mit den geputzten Salatblättern zudecken, mit dem Deckel schließen und bei niedriger Temperatur 1 1/2 Stunden garen. Während der Kochzeit immer wieder rütteln, damit das Lamm nicht anbrennt. Fleisch zusammen mit dem gekochten Salat auf Tellern anrichten und servieren.

Amaretti di Oristano
Makronen aus Oristano

200 g süße Mandeln, geschält
100 g bittere Mandeln, geschält
300 g Zucker
3 Eiweiß

Mandeln in einem Mörser zerkleinern. Mit Zucker gut vermischen. Eiweiß steif schlagen und mit einem Holzlöffel unter die Mandeln ziehen. Plätzchen formen und auf ein mit Backpapier bedecktes Blech verteilen. In dem auf 130 Grad vorgeheiztem Ofen so lange backen, bis die Amaretti goldbraun sind (etwa 1 Stunde). Abkühlen lassen und mit einem Gläschen Vernaccia servieren.

die Fischer allemal zu einem Schwatz Zeit haben. So erfährt man auch, welcher Tintenfisch auch den besten Koch zur Verzweiflung bringt und immer zäh bleibt. Es ist der lange dünne Polpo, dessen Saugnäpfe ganz eng aneinander liegen. Alle anderen werden dagegen butterweich, wenn man sie nur richtig kocht, was vor allem bei fangfrischer Ware nicht so einfach ist. Deshalb sei auch dieses Fischergeheimnis verraten – man sollte die frischen Polypen vier bis fünf Stunden in der Tiefkühltruhe einfrieren und dann in einem Topf mit nur zwei bis drei Glas Wasser langsam kochen, denn Flüssigkeit geben sie selbst genug ab.
»Ich kann mich nicht erinnern, je etwas Besseres gegessen zu haben«, stellt um die Mitte des 15. Jahrhunderts Bartolomeo Platina in seinem Buch »Il piacere onesto e della buona salute« fest. Diese »ehrbare Lust« des Buchtitels bezog sich in diesem Falle auf die *bottarga di muggine*, den in Salz getrockneten, manchmal noch zusätzlich geräucherten Rogensack der Meeräsche. Aus Cabras kommt heute die berühmteste Bottarga, die von hier schon seit dem 14. Jahrhundert exportiert wurde. Wahrscheinlich hat sich das auf lokaler Ebene eigentlich ärmliche Gericht zuerst als Speise der Mönche verbreitet, in deren Ernährung der Fisch, am besten irgendwie haltbar gemacht, aus religiösen Gründen eine große Rolle spielte.
Der »Kaviar der Sarden« von heute hat dagegen seinen Preis. Um die 120–130 Euro kostet das Kilogramm Bottarga, wenn sie von hier stammt und handwerklich verarbeitet wurde. Man kann aber auch nur etwas mehr als die Hälfte ausgeben, wenn man mit Bottarga aus tiefgefrorenem Rogen vorliebnimmt, der aus Mauretanien oder Senegal, ja selbst aus Brasilien und Mexiko eingeflogen und hier verarbeitet wird. Die Rogensäcke für die authentische Bottarga werden dem frisch gefischten Fisch sofort entnommen. Sein Bauch wird dazu mit einem Spezialmesser geöffnet, und höchste Vorsicht ist geboten, damit die Hautbeutel mit den Eiern nicht verletzt werden. Als charakteristisches Zeichen für die Bottarga von Cabras wird am Ende des Doppelsacks noch ein Stückchen Fleisch belassen, was sein Erkennen erleichtert. Der Rogen wird nun gereinigt und sofort in Meersalz eingelegt, das nicht zu fein und nicht zu grob sein darf. Bei dieser traditionellen Methode, die etwa im handwerklichen Betrieb der Familie Manca noch angewendet wird, kommt keine Salzlake zum Einsatz, obwohl diese das Verfahren vereinfachen würde. Aber das Salzen ist eine Frage von wenigen Stunden und die Bestimmung des richtigen Zeitpunkts, zu dem der Vorgang beendet werden muß und der über den Geschmack entscheidet, ist im wahrsten Sinne des Wortes eine Frage des Fingerspitzengefühls. Der zu Beginn weiche Eiersack wird unter dem Salz langsam härter und salziger. Durch ständiges Tasten wird festgestellt, wann jede einzelne Bottarga gesalzen genug ist, um haltbar zu sein und dabei doch von zart bitterem Mandelgeschmack, der den tiefgefrorenen Eiern völlig fehlt.
Auch der verwendete Fisch, der in der Zeit zwischen Mitte August und Ende September gefangen wird, wenn die Eier die ideale Reife haben, wurde schon einer Tastprobe unterzogen. Er muß eine bestimmte Konsistenz aufweisen und darf nicht zu fett sein, um erste Qualität zu liefern.

Die stagni, ökologischer und ökonomischer Reichtum

Nach dem Salzen wird die Bottarga zwei bis drei Tage lang zum Trocknen aufgehängt und anschließend zwischen beschwerten Holzbrettern gepreßt, um zu verhindern, daß sich noch Luft im Inneren befindet. Heute muß die Ware, die in den Verkauf gelangt, anschließend aus hygienischen Gründen vakuumverpackt werden. Für den Eigenverbrauch wird sie immer noch an einem kühlen, luftigen Ort aufgehängt, um dort weiter zu reifen. Um diesen natürlichen Vorgang auch bei eingeschweißter Ware etwas nachzuholen, sei es empfohlen, die Plastikbeutel mindestens einen Tag vor Verwendung der mitgebrachten Bottarga zu Hause zu öffnen, um am nächsten Tag die ersten hauchdünnen Scheibchen mit einem dieser teuflisch scharfen sardischen Hirtenmesser, die natürlich auch zu den obligaten Mitbringseln zählen, abzuschneiden und mit einem *filo d'olio*, einigen Tropfen bestem Olivenöl beträufelt, schon einmal in aller Heimlichkeit vorzukosten. Ganz raffinierte Genießer gönnen sich dazu noch ein bißchen sahnig frischen Ziegenkäse. Erst dann sollten eingeladene Freunde mit köstlichen Bottarga-Gerichten überrascht werden.
»Sa Resordza« nennen die Sarden ihre Messer übrigens. Für sie ist das scharfe Ding so etwas wie eine Versicherung ihrer Identität, die fast jeder in der Tasche bei sich trägt. Den Namen gaben dem Messer wiederum die

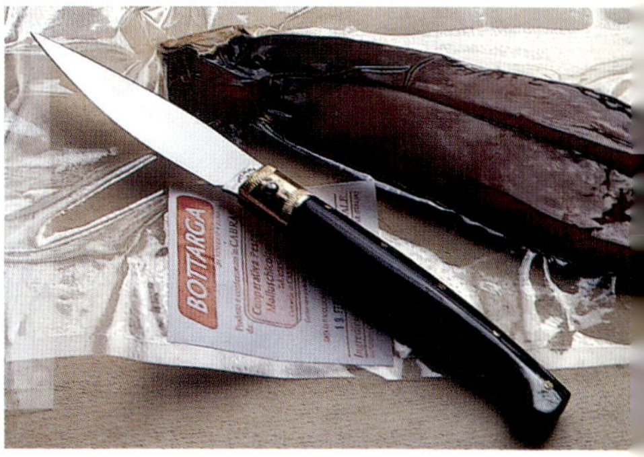

Bottarga wird hauchdünn geschnitten, am besten mit einem echten sardischen Hirtenmesser

Römer, die alle Klappmesser »rasoria« nannten, Rasiermesser. Ein sardisches, von einem Meister gefertigtes und auf der Schneide signiertes Prachtstück so zu bezeichnen wäre allerdings eine Beleidigung, obwohl es bei den Hirten auch zu diesem Zweck zum Einsatz kommt. Die spitze Klinge ist »a foll'e murta«, in Form eines Myrtenblattes, sorgfältigst mit der Hand geschmiedet, der Griff aus schöngemasertem Horn. Die Messer sind entsprechend teuer, und als sardisches Solingen gilt das Dorf Pattada, auf halbem Weg zwischen Olbia und Oristano.

An dieser Stelle wäre nun von einer Niederlage zu berichten, die wir, die Autoren dieses Buches, Ihnen, unseren Lesern, nur schweren Herzens mitteilen. Wir sind mehrere Wochen durch das Gebiet um den Golf von Oristano bis hinauf nach Bosa gereist, anfangs frohgemut und in der sicheren Erwartung, in dieser Gegend, aus der wunderbares Gemüse, bester Fisch und einige aufregende Spezialitäten kommen, die Qual der Wahl zu haben zwischen den vielen, auch weithin gerühmten Restaurants. Wir wollten dasjenige mit der besten Küche, der sympathischsten Atmosphäre und den originellsten Gerichten und Rezepten für Sie und unser Buch auswählen. Um das Ergebnis gleich vorwegzunehmen – wir sind nicht fündig geworden. Und das sei an dieser Stelle näher erklärt.

Das am ausführlichsten in allen Führern und Publikationen belobhudelte »Il Faro« in Oristano hat bei uns erst gar keine zweite Chance bekommen, was sonst selbstverständlich ist, wenn wir in einem vielgerühmten Lokal nur mittelprächtig essen. Das nicht, weil wir die überall beschriebene Eleganz des Gastraumes als wenig geschmacksicher und etwas abgestanden empfanden, nicht, weil der Service nur schwer als solcher bezeichnet werden konnte. Wir mußten aber zu einem lieblos zubereiteten »Degustationsmenü« und wenig überzeugenden Spezialitäten des Hauses, wie kleinen Aalen mit Schafskäse und Minze und einem Langustensalat, uns eine genauso wenig spritzige und einfallsreiche Fußballpartie im Fernsehen anschauen und dieses »Gesamtpaket« dann auch noch recht teuer bezahlen. Außerhalb von Oristano hatten wir zwar bei »Renzo« nichts an der Küche auszusetzen, auch über die ausgesprochen freundliche Bedienung haben wir uns gefreut. Wir haben es aber nicht übers Herz gebracht, Ihnen ein wahres Riesenlokal mitten in der grünen Wiese an einer Schnellstraße als Ort zu empfehlen, wo sie zwischen lärmenden Familien und Busladungen voller Touristen einen lauschigen, kulinarisch beglückenden Urlaubsabend verbringen könnten.

In Cabras haben wir ganz ausgezeichnet in »Sa Funta« gegessen, von Besitzer Gesuino Ledda aber zu unserer bitteren Enttäuschung erfahren, daß er sein Lokal zu schließen beabsichtigt, um sich in das Verfassen eines Kochbuches zu vertiefen. Sollte er sich doch eines Besseren besonnen haben und seine schöne Gaststätte noch weiter betreiben, können wir einen Besuch nur wärmstens empfehlen. Uns hat man noch das »Caminetto« in Cabras ans Herz gelegt. Als wir aber nach einem ziemlich banalen Essen unserem Tipgeber davon berichteten, fragte er uns ganz erstaunt, ob wir denn nicht seinen Namen genannt hätten. Dann hätten wir bestimmt all die Köstlichkeiten bekommen, die nur für Freunde zubereitet

Is fassonis – *winzige Boote aus Riedgrasbündeln*

Die alten Fischerhütten auf der Halbinsel Sinis

werden. Hätten wir also über das »Caminetto« schreiben sollen, mit dem Hinweis an unsere Leser, sich zu ihrem Besuch als Freunde von Signor Paolo anzumelden?

Voller Hoffnung haben wir uns anschließend auf den Weg nach San Giovanni di Sinis gemacht, um Altertümer und bei den Schwestern Casas ein höchst altertümliches Gericht zu genießen, die *sa merca*, die Meeräsche, die in stark gesalzenem Wasser gekocht, in Gräser aus dem Stagno dick verpackt und dann getrocknet wird. Bedauerlich nur, daß die Schwestern inzwischen verkauft hatten, offensichtlich ohne die besondere, heimelig wohlige Atmosphäre, die wir von früheren Besuchen in schönster Erinne-

Meeräschen werden gewogen und verkauft

rung hatten, mitzuverkaufen. Aber in den Bergen, da gibt es noch einen ganz besonderen Geheimtip, oben in Cuglieri im »La Meridiana«, da werdet ihr sicher fündig. Mit einer so oder so ähnlich formulierten Empfehlung ausgestattet, sind wir die 40 Kilometer nach Norden gefahren, in das vulkanische Monti-Ferru-Massiv, wo es viele kleine Kellereien gibt, die ihre Weine aus den ortstypischen Malvasiatrauben keltern. Aus einem Essen im Freien wurde aber nichts, was man hier oben in der frischen Bergluft besonders genossen hätte. In einem per Klimaanlage tiefgekühlten Gastraum saß man auf eisernen Thonet-Nachfahren und blickte sehnsüchtig zu den kleinen Fenstern in etwa zwei Meter Höhe hinauf, direkt auf die Ölwanne des vor dem Haus geparkten Autos. Daß es ganz anständig zubereitete Meeresküche gab, mag für die lokale Prominenz um uns herum erfreulich sein, der *porceddu* oder *pecora bollita* vielleicht etwas über ist. Wir haben es vorgezogen, uns noch im hübschen Städtchen Bosa etwas umzutun, sind aber, Sie werden es schon ahnen, auch hier nicht fündig geworden. Das einzig erwägenswerte Lokal »Giancarlo e Rita« (Rita e Giancarlo hätte uns besser gefallen) steckt in einem unsäglich häßlichen Betonkasten. Um die Bereitschaft zu schaffen, diesen ästhetischen Brocken zu schlucken, müßte die Küche um einiges mehr bieten.

Auch von diesem Ausflug nicht berauscht, sind wir nach Oristano zurückgekehrt und haben uns, nach den vielen weiteren, hier nicht mehr näher beschriebenen Fehlversuchen, am Genuß von Vernaccia, dem einzigartigen Wein der Region, immer wieder aufgerichtet. Dessen Name leitet sich vom lateinischen »vernacula« ab, was soviel wie lokale Traubensorte bedeutet. Kein Wunder also, daß es in Italien vier grundverschiedene Vernaccia-Weine gibt, die rote Vernaccia von Serrapetrona aus den Marken, den berühmtesten Weißwein der Toskana aus San Gimignano, eine Vernaccia aus Ligurien und die Vernaccia di Oristano. Schon im 11. Jahrhundert und wahrscheinlich schon in der Antike wurden dessen Trauben unter den besonderen klimatischen Bedingungen der Ebene um Oristano angebaut. 1390 wurde von einem Wein berichtet, dessen Beschreibung genau den besonderen Charakter einer Vernaccia di Oristano wiedergibt und der von hier nach Spanien exportiert wurde. Seit zwanzig Jahren sind deren Eigenheiten auch in den DOC-Bestimmungen der kontrollierten Herkunftsbezeichnung genau festgelegt. Eine Vernaccia di Oristano darf nicht weniger als 15 Grad Alkohol aufweisen und muß mindestens drei Jahre im Faß gereift sein. Sie ist dann von bernsteingelber Farbe, hat einen zartbitteren, an Mandeln erinnernden Geschmack und kann als einziger Wein neben einer Bottarga voll bestehen.

Die beste Vernaccia stammt aus der Kellerei Attilio Contini in Cabras. Das Weingut Contini wurde 1898 gegründet und wird seither mit Vernaccia di Oristano identifiziert. Der Wein reift nach der Gärung in sardischen Eichen- und Kastanienfässern, was bei einzelnen Partien auch Jahrzehnte dauern kann. Ähnlich wie beim Sherry, bildet sich auf der Oberfläche des Weines, der in nicht ganz gefüllten Fässern ruht, ein schützender Pilz, der Flor. Im Gegensatz zum Sherry wird die Vernaccia aber nicht gespritet, es wird also kein zusätzlicher Alkohol in Form von Branntwein beigemengt, seine mindestens 15 Grad Alkohol kommen ganz natürlich aus den sonnengereiften Trauben.

Paolo Contini erklärt mit Freuden, welche Vernaccia man wann und wie trinkt. Dem überraschenden Besuch und dem guten Freund wird zu jeder Tageszeit ein Gläschen, meist ungekühlt angeboten. Als Aperitif werden die jüngeren Jahrgänge kühl serviert, die sich auch als Trinkwein ganz ausgezeichnet zu Fischsuppen, Schalentieren und Meeresfrüchten eignen. Nach einem guten Mahl gibt ein reiferer Jahrgang einen ausgezeichneten Dessertwein ab, der ganz besonders gut zu trockenem Mandelgebäck paßt. Man sollte es mal mit einer Flasche etwa des Jahrganges 1978 versuchen. Zu dem eleganten Nektar, der aus einer Flasche von 1971 fließt, braucht es dann gar nichts mehr dazu, außer der entsprechenden Muse. Was diese Weine aber darüber hinaus noch so angenehm macht, ist die Tatsache, daß sie sich besonders zum Verfeinern zahlreicher Speisen eignen. Und das ist Paolos besondere Vorliebe – selbst zu kochen mit Vernaccia aus den eigenen Fässern. Wir waren ihm dafür herzlich dankbar, kamen wir auf diesem Weg dann doch noch zu ganz typischen und besonders köstlichen Gerichten und Rezepten der Region.

Vernaccia di Oristano – oft Jahrzehnte in sardischem Eichen- und Kastanienholz gereift

Il Pavone
Alghero

15 Jahrhunderte nach dem Untergang der Nuraghenkultur, von der das Ruinenfeld von Palmavera in der Nähe von Alghero noch so beredt Zeugnis gibt, war die Stadt nichts anderes als ein vergessenes Fischerdorf, das die Genuesen nun als Hafen wählten. In den Dokumenten der mächtigen Genueser Familie Doria taucht der Ort unter dem Namen Aleguerium auf, den er der erstklassigen Qualität der an seinen Ufern angeschwemmten Algen verdankt. Die nährstoffhaltigen Algen sieht man heute kaum noch an den Stränden, dort liegen jetzt die Badegäste, auch die ernähren ihren Mann. Die Korallen, als »rotes Gold« lange Zeit eine weitere Quelle des relativen Reichtums der Stadt, sind durch Raubbau fast verschwunden und nur noch in Tiefen unter 100 Meter anzutreffen.

1353 besiegten die Katalanen unter der Führung des Hauses Aragon die Genueser Flotte und besetzten die Stadt. Es folgte, was man damals noch nicht mit dem unsäglichen Begriff »ethnische Säuberung« benannte, was aber genau darauf hinauslief – Sarden und Genuesen wurden vertrieben. Alghero, das jetzt den Namen Alguer bekam, wurde mit katalanischen Familien bevölkert. Vier Jahrhunderte lang blieb der Ort rein katalanisch, was man an seinen Kirchen, Palästen und mächtigen Festungen ablesen kann. Man hört es, wenn die Menschen sprechen, und schmeckt es in den klassischen Gerichten der Gegend. Die Einwohner Algheros halten es sich heute noch zugute, daß sie von Kaiser Karl V. durch seinen Ausspruch »Estode todos caballeros« allesamt geadelt wurden, und sie orientieren sich nicht an der Inselhauptstadt Cagliari oder der Landeshauptstadt Rom, ihr Bezugspunkt ist oft genug noch Barcelona. Sie treffen sich an der Plaça del Pou Vell und nicht an der Piazza Civica. Zum Einkaufsbummel schlendern sie nicht über den Corso, sondern den Carrer Major. Die Straßennamen sind zweisprachig, die Tageszeitung L'Algher erscheint in Katalanisch, denn mindestens die Hälfte der Bevölkerung spricht noch heute diese Sprache, und wenn sie etwas Gutes essen wollen, gehen alle, gleich welchen Zungenschlags, ganz selbstverständlich zu »Il Pavone« und bestellen *aragosta alla catalana*, Langusten auf katalanische Art.

Der Vater von Domenico Caria, der das Lokal seit 1979 betreibt, war Langustenfischer. Kein Wunder, daß er die beste Ware aus dem Angebot auszusuchen weiß. Nur von Februar bis September stehen die Delikatessen auf Domenicos Speisekarte. Im Winter, zur Zeit der Reproduktion, sind die bevorzugten weiblichen Tiere voller Eier und ohne rechten Geschmack. Die besten Langusten haben ein Gewicht zwischen 400 und 700 Gramm und sind wenige Jahre alt. Einen unübertrefflichen Geschmack aber haben sie, wenn sie gerade den Panzer wechseln und der neue noch weich ist. Die Besonderheit der Langusten von Alghero liegt an ihrer Nahrung. Sie finden ein reichliches Angebot an kleinsten Krustentieren und

Blick auf die Stadt …

Linke Seite: *… und den Hafen von Alghero*

Domenico Caria, Kunsthändler und Koch

Fischen in den klaren Gewässern und im Übermaß die besonderen lokalen Algen. Alles zusammen ergibt ihren einzigartig nussig-zarten Geschmack, der sich so wunderbar mit den süßen Zwiebeln, der bitteren Rauke und der Säure der sonnenreifen Tomaten ergänzt.

Das Rezept für dieses einmalige Gericht, das heute überall auf der Insel mehr schlecht als recht imitiert wird, stammt aus Spanien, doch dort wird es zum Glück nicht mehr zubereitet. Denn Domenicos Vater wußte noch von Gabriele zu berichten, dem letzten der Fischer, der aus Barcelona herüberkam.

Er verkaufte den schmackhaften Fang aber schon nicht mehr in der Heimat, sondern fuhr damit nach Marseille. Und ein altes Lied, das zu Hause

Sardine con le melanzane
Sardinen mit Auberginenpüree

FÜR 4 PERSONEN

8 mittelgroße Sardinen
1 Ei
50 g Paniermehl
Fritieröl
2 Auberginen
1/2 Bund Petersilie, gehackt
1 Knoblauchzehe, gehackt
2 EL Olivenöl extra vergine
Salz

Von den Sardinen Kopf und Schwanz entfernen, längs durchschneiden und entgräten.
Ei schlagen, Sardinen darin eintauchen und in Paniermehl wenden. In einer Pfanne im heißen Öl fritieren.
Auberginen halbieren und im Ofen bei 200 Grad 25 Minuten garen, die Haut abziehen und mit einer Gabel zerdrücken. Petersilie, Knoblauch, Olivenöl und Salz hinzufügen und vermischen. Die Auberginenmousse auf den fritierten Sardellen verteilen und als Vorspeise servieren.

noch gesungen wurde, erzählt: »Wenn der Preis der Languste steigt, dann ist das die Schuld des teuflischen Spaniers.« Vor allem aber die Erinnerung an die *capponata di aragoste* ist Domenico geblieben, der von der »mamma« neben den üblichen Zutaten noch hartgekochte Eier und gekochte Kartoffeln beigemischt wurden. Manchmal macht er sie noch heute auf Bestellung von Freunden und Stammkunden, zu denen auch der ehemalige italienische Staatspräsident Cossiga, der aus Sassari stammt, der Ministerpräsident D'Alema und der Rechtsanwalt und Sänger Paolo Conte gehören. Conte, der viel herumkommt und gerne ißt, hat kürzlich in einem Interview kategorisch behauptet: »Die beste Languste ißt man bei ›Pavone‹.«

Aragosta alla catalana
Langusten auf katalanische Art

Für 4 Personen

2 Langusten à 500 g
400 g frische reife Tomaten
2 weiße milde Zwiebeln
50 g Rucola
6 EL Olivenöl extra vergine
1 EL milder Weißweinessig
Salz

Langusten lebend ins kochende Wasser geben und 20–25 Minuten kochen. Sofort aus dem Wasser holen und 20 Minuten abkühlen lassen.
Tomaten und Zwiebeln schneiden und mit der Rucola vermischen. Langusten längs teilen, Eier (wenn vorhanden) und Innereien mit einem kleinen Löffel vorsichtig entfernen und in eine Schüssel geben. Mit Olivenöl, Essig und Salz gut verrühren. Mit dieser Sauce den Salat anmachen. Langusten in Stücke schneiden und zusammen mit dem Salat lauwarm servieren.

Nuraghen von Palmavera

Fusilli con le melanzane
Fusilli mit Auberginen

Für 4 Personen

400 g Fusilli
2 Auberginen
2 Fischfilets (Brasse oder Barsch)
3 EL Olivenöl extra vergine
1 Knoblauchzehe
Salz
200 g Kirschtomaten
6 Basilikumblätter
50 g Pecorino, gerieben

Auberginen würfeln und im Ofen bei 200 Grad 15 Minuten garen. In einer Pfanne Knoblauchzehe in Öl anbräunen und entfernen. Fischfilets in Stücke schneiden, dazugeben und anbraten. Salzen. Kirschtomaten mit der Hand zerdrücken, hinzufügen und 15 Minuten köcheln. Basilikum zerpflücken und dazugeben.
Fusilli in reichlich Salzwasser al dente kochen. Abgießen und in die Pfanne geben. Zur Sauce noch einen Schöpflöffel Nudelkochwasser hinzufügen, Sauce mit den Nudeln gut vermischen und einige Minuten fertig kochen. Auberginen dazugeben und mit Käse überstreut servieren.

Als »ein Fest für die Augen, aber vor allem ein Triumph für den Gaumen« bezeichnet Pasquale Porcu, der berühmteste Gastrokritiker der Insel, die Gerichte von »Il Pavone«, und in diesem Falle muß man ihm recht geben. Domenico, der selbst mit dem Aquarellpinsel dilettiert, weiß über den Anblick seiner Gerichte Appetit zu machen: frische Farben herrschen vor – Verdienst auch des täglichen Einkaufsbummels, den er jeden Morgen durch die Markthalle von Alghero macht und wo er manches nur mitnimmt, »weil es mir so gut gefällt«. Was später in der Küche daraus werden soll, das weiß auch er in diesem Moment noch nicht. So überrascht er fast täglich seine Gäste mit kleinen Extras, die er herumreicht und jedem zum Probieren gibt. Kritische Bemerkungen zu diesen Kreationen sind ihm herzlich willkommen. Meist aber gibt es ein heftig zustimmendes Nicken, wenn er etwa wunderschöne reife Feigen eingekauft hat und diese nun halbiert und mit Sardellenfilets, die seine 95jährige Mutter noch heute selbst einlegt, kombiniert. Auch seine fritierten Sardinen mit Auberginenmousse erhielten über diesen Weg einen Stammplatz auf der täglichen Speisekarte.
In der Küche stehen derweil zwei Köche, die dieser sprunghaften Kreativität ihre solide Beständigkeit an die Seite stellen, der eine seit 20, der andere seit nunmehr 16 Jahren. Domenico hat also Zeit, sich noch anderen Hobbys zu widmen. Neben seiner eigenen kleinen Kunstgalerie hat er gerade ein Antiquitätengeschäft eröffnet, und wenn er wegen seiner zahlreichen Beschäftigungen einmal nicht gerade von einer Ecke der Stadt in die andere sausen muß, trainiert er für den Marathonlauf von New York, an dem er jedes Jahr teilnimmt. Mußestunden werden mit einem guten Glas Wein gefeiert, vorzugsweise mit einem Marchese di Villamarina, der nur wenige Kilometer außerhalb von Alghero in der Tenuta Sella & Mosca erzeugt wird. In dem großen Betrieb mit 500 Hektar Anbaufläche wachsen vor allem die vielen guten Durchschnittsweine, die Sardinien als Weinbauzone auch im Ausland bekannt gemacht haben. Erfreulich, wenn man es nun auch mit Spitzenqualität versucht. Die Cabernet-Sauvignon-Trauben werden »a pergola« angepflanzt, damit sie durch die Blätter vor der starken Sonne geschützt sind. So und durch einen geringen Hektarertrag und beste Kellertechnik erhält man einen Wein, der es wert ist, mit ihm den Abschluß eines gelungenen Abends bei »Il Pavone« zu feiern.

Alghero schaut nach Barcelona

Rechte Seite: *Blühende Mimosenbäume*

La Guardiola

Castelsardo

Auf dem Weg von Alghero nach Norden kann man dem chaotischen Verkehr um Sassari leicht ausweichen, wenn man über Porto Torres und weiter entlang der Küste fährt. Einen Abstecher zum Ende der windigen Stintino-Halbinsel sollte man, vor allem wenn man nicht im August unterwegs ist, nicht auslassen. Das Kap besteht aus Schiefer, dessen dunkle Platten auch zum Bauen und als Dach einiger Häuser verwendet werden – ein besonders reizvoller Kontrast zum blühend weißen Strand La Pelosa. Das schönste Naturschauspiel ist aber die Farbe des Wassers, die hier vielleicht so schön ist wie nirgendwo auf der Insel. Vorgelagert ist die Insel Asinara, bekannt für und benannt nach ihren halbwilden weißen Eseln. Das Inselgefängnis wurde vor kurzem aufgelöst. Bleibt zu hoffen, daß die Pläne, das bis zu 409 Meter hohe felsige Eiland zum großen Naturschutzpark zu erklären und jegliche Bebauung zu verhindern, in die Tat umgesetzt werden können.

Vorbei an den kilometerlangen Sandstränden der Riviera di Sorso, den Hausstränden der Bewohner von Sassari und entsprechend gut besucht, führt die Straße nach Castelsardo, einem pittoresken Dorf auf einem schroff zum Meer hin abfallenden Trachytfelsen. Ganz oben hatten die Doria ihre trutzige Burg. Der Weg hinauf führt durch steile Treppengäßchen. Vor vielen Türen stehen Bündel mit Riedgras oder Raphia, den Fäden aus Zwergpalmenblättern. Überall sitzen die Frauen und flechten daraus ihre Korbwaren. Oben in der Burg wird das noch lebendige Kunsthandwerk vorsorglich schon einmal museal präsentiert. Von verschiedenen Terrassen hat man atemberaubende Ausblicke bis hinüber zur Asinara, bei klarer Sicht bis nach Korsika im Norden und tief ins Landesinnere.

Dorthin lohnt nicht nur der Blick, sondern auch ein Ausflug zum vielbestaunten »Elefanten von Castelsardo« etwa, an der Kreuzung nach Sedini. Ein junger Elefant scheint sich hier am Straßenrand unter die vielen Schafe, Ziegen und Esel mischen zu wollen, die auch diese Gegend Sardiniens zahlreich bewohnen. Er entpuppt sich aber bei näherem Hinsehen als ein verwitterter Fels aus graurotem Trachyt. Das gleiche Material haben, einige Kilometer weiter, auch die Erbauer des Kirchleins San Pietro delle Immagini bei Bulzi eingesetzt. Gemischt mit hellem Granit, sollte der streifige Wechsel mit dem dunklen Trachyt an die Kirchen Pisas erinnern. Tatsächlich haben die Pisaner zwischen dem 11. und dem 13. Jahrhundert an die 70 romanische Kirchen mitten in die einsamsten Landschaften gestellt, oft genug auch aus oder neben alten Nuraghen wie in Santa Sabina bei Macomer. Eines der schönsten Beispiele ist die Kirche der Santissima Trinità di Saccargia aus Basaltlava und Kalkstein, etwas östlich von Sassari gelegen.

Von der Burg von Castelsardo konnten die jeweiligen Besitzer den Verkehr der Schiffe aus oder in Richtung Spanien, Frankreich, den Balearen und

Linke Seite: *An die 70 romanische Kirchen haben die Pisaner hier errichtet: Santissima Trinità di Saccargia*

Nino Pugulu bewirtschaftet den alten Wachturm

Farfalle al salmone affumicato con pinoli e uvetta

Schmetterlingsnudeln mit Räucherlachs, Pinienkernen und Rosinen

Für 4 Personen

400 g Schmetterlingsnudeln
100 g Räucherlachs, in Streifen geschnitten
2 EL Olivenöl extra vergine
1 TL Butter
1/4 weiße Zwiebel, gehackt
30 g Rosinen, eingeweicht
20 g Pinienkerne
1 reife Tomate, gewürfelt
1 Schuß Brandy
1/2 Tasse Fleischbrühe
5 Basilikumblätter

In einer Pfanne mit Öl und Butter Zwiebel glasig werden lassen, Rosinen, Pinienkerne und Tomate hinzufügen und 5 Minuten köcheln. Brandy angießen und Alkohol verdunsten lassen. Fleischbrühe dazugeben, kurz reduzieren, Räucherlachs und Basilikum beifügen. Nudeln in reichlich Salzwasser al dente kochen, in der Pfanne mit der Sauce schwenken und servieren.

Italien bestens kontrollieren, mußte man doch weitgehend mit Küstensicht navigieren. Heute erspäht man von da oben wenige Badegelegenheiten und einen neuen Yachthafen, eine Wette auf die Zukunft für den kleinen Ort. Dort haben natürlich jetzt auch die Fischer eine sichere Bleibe, was an dieser Küste mit ihren starken Winden von großem Nutzen ist. Wenige Schritte unterhalb der Burg, im »La Guardiola«, kann man davon ganz direkt profitieren. Auf Platten wird dem Gast reichlich frischer Fisch zur Auswahl präsentiert. Und alles, was einem beim Blick von dieser einmaligen Aussichtsplattform des alten Festungsturmes auf das kristallklare Meer sonst noch als Wunsch in den Sinn kommen kann, hier bekommt man es auf den Teller.

Frische Austern, Meeresdatteln, Venusmuscheln, Messerscheiden, oder *ostriche, datteri di mare, vongole veraci, cannolicchi*, gerade aus dem grün schimmernden Naß geholt und jetzt roh verzehrt, das schmeckt, als würde man nackt mitten im Mittelmeer sitzen. Auch die lokalen großen

Der neue Hafen von Castelsardo

Rigatoni alla Benito
Röhrennudeln auf Benitos Art

FÜR 4 PERSONEN

400 g Röhrennudeln, gerillt
10 g Kaviar
1 TL Butter
200 g passierte Tomaten, geschält
Salz
1 EL Sahne
40 g Pecorino, gerieben
40 g Parmesan, gerieben

In einer Pfanne die Butter schmelzen, Tomaten hinzufügen, salzen und einige Minuten köcheln. Vom Herd nehmen und mit Sahne und Kaviar gut vermengen. Rigatoni in reichlich Salzwasser al dente kochen, in die Pfanne geben und mit der Sauce gut vermischen. Die Pfanne wieder auf den Herd geben, nach und nach den Käse unterrühren und schmelzen lassen. Sofort servieren.

Krebse, rotweiß gesprenkelt und mit dünnem weichem Panzer, entweder ausgelöst und in einer Jakobsmuschelschale serviert oder in Stücke geschnitten zum selbst Auspulen, versüßen das Leben. In jedem Falle läßt sich so äußerst lustvoll die Zeit verbringen, bis die Nudeln kommen, und wenn man nicht geizig ist, kann man sich derweil auch noch mit einer Möwe anfreunden. Man kann sich aber auch gleich seine *linguine ai frutti di mare* von Giuseppe Messina am Tisch zubereiten lassen, nach dem Motto: die guten fürs Töpfchen, die noch besseren, roh und vorneweg, fürs Kröpfchen.
Als Hauptspeise kann man den frischen Glitzerdingern aus dem Meer gar nichts Besseres antun, als sie fachgerecht auf den Grill zu legen. Dazu werden nur Fische mit festem, kompaktem Fleisch ausgesucht, am Rücken eingeschnitten und mit dem Küchenpinsel mit einer Mischung aus Olivenöl und Zitronensaft innen und außen eingepinselt. Auch der Grillrost wird gut geölt und die Fische erst gesalzen, wenn sie über der Glut liegen.

Tilicas de saba
Sardisches Gebäck mit Most

FÜR 4 PERSONEN

Für den Teig:
500 g Mehl
100 g Schweineschmalz
50 g Zucker

Für die Füllung:
200 g Mandeln, geschält
Orangenschalen, blanchiert und fein geschnitten
$^1/_2$ l Traubenmost
Paniermehl

Mehl mit Wasser verkneten, Schweineschmalz und Zucker einarbeiten. 30 Minuten ruhen lassen. Mandeln im Mörser fein zerkleinern, mit der Orangenschale in den leicht erwärmten Most geben, gut vermengen und so viel Paniermehl dazugeben, bis eine Art Paste entsteht. Teig dünn ausrollen und in lange Streifen schneiden. Paste auf Teigstreifen streichen und die Ränder über die Füllung zusammendrücken. Streifen beliebig formen, z. B. zu Ringen, Schlangenlinien oder Buchstaben.

Gewendet werden sie, und das ist das Wichtigste, mit einem geeigneten Gerät immer über den Rücken, damit nichts der wertvollen Feuchtigkeit aus der Öffnung am Bauch heraustropft, der Fisch somit nicht trocken und das Grillen auch vom Geruch her zu einem Vergnügen wird.
Wie man am Namen unschwer feststellen kann, kommt der Koch Giuseppe aus Sizilien. Er ist mit einer Sardin verheiratet und steht seit 15 Jahren in der Küche der »Guardiola«. Heute kocht er in einer sehr erfrischenden Mischung neben sardischen auch einige heimatliche Rezepte, wie etwa *sarde alla beccafico*, übersetzt Grasmückensardinen. Die Grasmücken, Zugvögel, die im Mittelmeerraum schon immer gerne gejagt wurden, picken nicht nur besonders gerne reife Feigen, wie ihr italienischer Name vermuten läßt, sondern ebenso gerne besonders süße, schon leicht getrocknete Trauben. Mit solchen, mit Rosinen also, und mit Pinienkernen werden die fritierten Sardinen serviert, womit der Name des Gerichtes ganz einfach erklärt und alle Zweifel von Vogelfreunden zerstreut wären, die unter Umständen befürchtet hatten, sie müßten zu den Sardinen auch noch kleine Vögel essen.
Logisch, daß man diese aparte Zusammensetzung mit Pinienkernen und Rosinen auch mit anderen Geschmäckern kombinieren kann. Giovanni hat die üblichen *farfalle al salmone* damit ausprobiert, und es lohnt sich, dieses einfache Rezept einmal nachzukochen. Es schmeckt zu Hause fast so gut wie hier oben, auch wenn man dort vielleicht nicht so angenehm umsorgt wird, wie hier von der fröhlichen jungen Mannschaft, die allerdings fast durchweg weiblich ist. Giampaolo Pugulu hat sie um sich ge-

schart, Vater Nino sieht's mit Wohlgefallen, sein Sohn ist ja schließlich ein Einzelkind.
Nino, der zusammen mit seiner Ehefrau Caterina das Lokal vor 25 Jahren eröffnet hat, kann sich so etwas zurücklehnen, abends zwischen den Tischen seine Runde machen und sich seinen Stammgästen widmen, die vor allem aus lokalem Publikum bestehen und gerne aus Sassari, Porto Torres oder der Gallura hier heraufkommen. Laufpublikum hat er wenig, Ausländer fast überhaupt noch nicht. Caterina steht nun auch nicht mehr in der Küche, wo sie sich früher die Arbeit mit Giovannis ebenso kreativem Vorgänger Benito geteilt hat und an den noch die *rigatoni alla Benito* erinnern. Die Herstellung der sardischen Süßspeisen läßt sie sich aber auch heute noch nicht nehmen, der *papassinas* etwa mit den schön bunten Zuckerkügelchen oder der *tilicas*, dem typischen Gebäck mit Traubenmost.

Aus Riedgras oder Raphia – altes Handwerk in jungen Händen

Linke Seite: *In sicherer Höhe über dem Meer schweben Burg, Dorf und Kirche von Castelsardo*

L'Agnata

Tempio Pausania

Tempio Pausania – harter Granit

Agnata bedeutet im lokalen Gallureser Dialekt soviel wie geschützter Winkel, versteckter Ort. Fabrizio De André, der berühmteste unter den italienischen Liedermachern, hat einen solchen Platz immer gesucht und ihn, zusammen mit seiner Lebensgefährtin, der Sängerin Dori Ghezzi, 1975 auf Sardinien gefunden. Auch die Toskana war im Gespräch und andere Regionen. Als die beiden aber von einem Taxifahrer das Tal und den »stazzu«, das bäuerliche Anwesen, gezeigt bekamen, das zu einem sehr moderaten Preis zu kaufen war, da war es um sie geschehen. Fabrizio, der schüchterne und öffentlichkeitsscheue Chansonnier, der aus Prinzip nie im Fernsehen oder bei Festivals auftrat, sprang über seinen eigenen Schatten und begann erstmals vor Publikum zu singen, um den Kauf zu finanzieren.

Fabrizio De André hatte zu diesem Zeitpunkt schon zahlreiche wunderschöne Lieder geschrieben, die ihn berühmt gemacht hatten und längst fester Bestandteil der italienischen Musikkultur geworden waren. »Für mich war Bocca di Rosa immer eine reale Person«, sagte ein junger Mann, den man im Fernsehen interviewte, kurz nachdem De André im Januar 1999 gestorben war. Sie ist das lustvolle Lustobjekt in einem wunderbar ironischen Lied wider die Doppelmoral, das bis heute jeder Italiener vor sich hin pfeifen kann. Andere Lieder handeln von der Zerbrechlichkeit der Liebe, sie wenden sich wütend gegen den Krieg und setzen sich engagiert für Minderheiten und Existenzen am Rande der Gesellschaft ein. Aber das gab es alles nur auf Platte, ebenso wie seine Interpretationen des großen Georges Brassens, von Leonard Cohen und Bob Dylan oder seine Vertonungen von Texten des Amerikaners Edgar Lee Masters, die auf seinem Album »Non al denaro, non all'amore, né al cielo« erschienen.

Jetzt gab er erstmals die von seinem Publikum so lange gewünschten Konzerte, um sich von deren Erlös seinen sardischen Traum erfüllen zu können. 1978 übersiedelte er nach Agnata. 1979 dann die Katastrophe – Fabrizio De André und Dori Ghezzi werden von sardischen Banditen entführt. Vier Monate bleiben sie gefangen. Fabrizio war sich der Ironie immer sehr bewußt, die darin steckte, daß der Vater, ein vermögender Industrieller, das Lösegeld für den anarchistischen Sänger des Protestes gegen die Macht des Kapitals an die Banditen bezahlte, für deren Anarchismus sein Sohn schon lange starke Sympathien zeigte. Fabrizio hat darüber seine Liebe zu Sardinien nicht verloren. Er hat dem kranken Teil der Insel und den Bergen des Banditentums sein berühmtes »Hotel Supramonte« gewidmet, die dort versteckten Gesetzlosen die »Seemänner der Wälder« genannt und für die Ausgestoßenen immer Freundschaft empfunden. Nur gegen die Bosse und ewigen Profiteure des Unglücks hat er nach seiner Befreiung einen juristischen und moralischen Kampf geführt.

Panadas
Pastetentörtchen

FÜR 4 PERSONEN

Für den Teig:
250 g Hartweizenmehl
50 g Schmalz
Salz, lauwarmes Wasser
1 Eigelb (zum Bestreichen)

Für die Füllung:
50 g Schweinefilet, in Stücke
30 g Bauchspeck
3 EL Olivenöl extra vergine
50 g Saubohnen
50 g Erbsen
2 Artischockenherzen
3 getrocknete Tomaten
1 Karotte
1 Stange Sellerie
1/2 Zwiebel
1 Knoblauchzehe
1 EL Petersilie, gehackt
Salz, Pfeffer, Muskatnuß
1 Glas junge Vernaccia (ersatzweise trockener Weißwein)

Zutaten für den Teig gut vermengen und 2 Stunden zugedeckt ruhen lassen.
In einer Pfanne mit Öl Fleisch und Speck anbraten; Gemüse kleinschneiden, dazugeben und etwa 15 Minuten garen. Gewürze hinzufügen, Weißwein angießen und noch einige Minuten unter ständigem Rühren köcheln. Abkühlen lassen.
Teig etwa 1,5 Millimeter ausrollen. Kreise von 10 und 7 Zentimeter Durchmesser ausstanzen. Auf die größeren die Füllung verteilen, mit den kleineren bedekken und die Ränder fest zusammendrücken. Im auf 180 Grad vorgeheizten Ofen 20 Minuten garen. Eigelb mit etwas Salz schlagen, die Panadas damit bestreichen und noch mal 5 Minuten in den Ofen schieben.

Der sardische Schriftsteller Salvatore Satta schrieb: »Der Schäfer gehört zur dynamischen Seite des Lebens, der Bauer zur statischen ... Kein Gesetz kann dem Schäfer verbieten, alles das als seinen Besitz zu empfinden, was sein Auge erspähen kann.« Fabrizio fühlte sich dieser sardischen Hirtenkultur irgendwie zugehörig. Er hat sich sogar für einige Monate einer Separatistenbewegung angeschlossen, hat die sardische Sprache gelernt und in ihr einige seiner schönsten Lieder geschrieben. Er behauptete, mehr Sarde zu sein als etwa die von der Insel stammenden römischen Karrierepolitiker Francesco Cossiga oder Mario Segni, die sich vielleicht einmal im Jahr für zwei Wochen hier blicken lassen. Und das Ave Maria seiner Totenmesse, die ihm in seiner Heimatstadt Genua gesungen wurde, ertönte, laut seinem Wunsch, ebenfalls in der uralten Inselsprache.

Fabrizio De Andrés Träume überleben in Liedern wie »La canzone dell' amore perduto«, »Via del Campo«, »La guerra di Piero«, »Amico fragile«, und sie überleben in Agnata. Der 150 Hektar große Besitz konnte sich von Anfang an nur schwer selbst erhalten, die in Sardinien sehr geläufige steuerbegünstigte Formel des Agriturismo half etwas dabei. Es begann mit vier Zimmern, heute sind es elf und ein wunderschönes neues Schwimmbad in Form eines kleinen Sees zwischen bizarren Felsen. Dieses ist so gut gelungen, daß es sich selbst die hauseigenen Enten nur schwer nehmen lassen, vom viel größeren landwirtschaftlichen See des Abends heraufzuwatscheln, um im Pool eine streng verbotene kleine Runde zu drehen.
Zahlreich sind die italienischen Hausgäste, De André-Fans sicherlich die meisten von ihnen, auf der gemeinhin so ganz unitalienischen Suche nach Ruhe und nach Kontakt mit der Natur. Von beidem gibt es hier so viel, daß sich die meisten Gäste doch nach einigen Tagen wieder in das Getriebe und Getümmel der nur 40 bis 60 Kilometer entfernten Küsten und Strände stürzen. Die Erinnerung an eine unglaublich intakte Natur, an das glückliche Zusammenleben von Mensch und Tier in dem weiten Areal, an lange Spaziergänge durch Korkeichenwälder und die Macchia der Felsenhügel sowie einige Eindrücke aus der Umgebung nehmen dennoch alle mit. Dazu gehören die Fahrt unter wie Goldregen gelb blühenden Bäumen und durch dichte Nadelwälder hinauf zum granitenen Monte Limbara mit seinen dramatischen Aussichten. Vielleicht lockt auch das nahe Städtchen Tempio Pausania, dessen hübscher Kern ganz vom örtlichen Baumaterial Granit bestimmt wird, oder der Besuch bei Hirten zur »tosatura«, um dem Scheren der Schafe zuzusehen. Dieses geht selbst mit den archaisch anmutenden Scheren ruck zuck vonstatten. Angeregt davon kann man auch eine Käseherstellung besuchen, um alles über das sardischste aller Lebensmittel zu erfahren oder einen Blick in eine der zahlreichen Korkfabriken im nahen Calangianus werfen.

Zuppa cuata
Überbackene feste Brotsuppe

Für 4 Personen

200 g reifer Pecorino, gerieben
1/2 Bund Petersilie, gehackt
500 g altbackenes Brot, in Scheiben geschnitten
2 l Schafsbrühe (ersatzweise Fleischbrühe)
400 g frischer Pecorino, in Scheiben geschnitten

In einer Schüssel geriebenen Pecorino mit Petersilie vermischen.
Einige Brotscheiben in einer feuerfesten hohen Form verteilen und mit etwas warmer Brühe befeuchten. Mit geriebenem Pecorino bestreuen und mit einer Schicht Pecorinoscheiben bedecken.
Das Ganze wiederholen, bis die Zutaten verbraucht sind. Die restliche Brühe angießen und mit einer Gabel die Brotschichten durchstechen, damit das Brot die Brühe ganz aufnimmt.
Im auf 150 Grad vorgeheizten Ofen $1^{1/2}$ Stunden backen, bis die Oberfläche eine schöne goldene Farbe annimmt. In Stücke geschnitten servieren.

Oben: *Kaum zu unterscheiden – Malerei und Wirklichkeit*

Linke Seite: *Natürliche Verschlußsache – die Rinden der Korkeichen*

Agnello con carciofi
Lamm mit Artischocken

FÜR 4 PERSONEN

800 g Lammfleisch
4 EL Olivenöl extra vergine
250 g Oliven
1/2 Zwiebel, grob gehackt
4 getrocknete Tomaten, in Stücke geschnitten
3 Knoblauchzehen
1/2 Bund Petersilie, gehackt
4 Lorbeerblätter
4 Basilikumblätter
8 kleine Artischocken, geputzt und geviertelt
1 Glas junge Vernaccia (ersatzweise trockener Weißwein)

Lammfleisch in Stücke scheiden und in einer großen Pfanne im Öl scharf anbraten.
Oliven, Zwiebel, Tomaten, Knoblauch, Petersilie, Lorbeer-, Basilikumblätter und Artischocken hinzufügen.
Wein angießen und Alkohol bei großer Hitze verdunsten lassen. Dann Temperatur reduzieren und etwa 20 Minuten köcheln. Mit Tomatenscheiben und Petersilie garnieren und servieren.

Die Bäume der Umgebung liefern den Rohstoff für den fast idealen Verschluß einer Weinflasche, dicht und doch einen geringen Luftaustausch ermöglichend. Schon die Römer verstöpselten mit diesem luft- und wasserdichten Material Amphoren mit flüssigen Inhalten. Zur Herstellung von modernen Flaschenkorken werden die abgeschälten Rinden der Korkeichen, die aus abgestorbenen Zellen bestehen, mindestens ein halbes Jahr im Freien getrocknet, anschließend gekocht und desinfiziert. Die nun flachen Platten werden nach Qualität sortiert, die Hälfte etwa läßt sich zu Korken verwenden, der Rest wird Isolier- oder Dekorationsmaterial. Aus Streifen, gebleicht oder ungebleicht und so breit wie der zukünftige Kork lang sein soll, werden nun die zukünftigen Stöpsel gestanzt und wieder nach Qualität sortiert. Je weniger Lentizellen, das sind die verholzten Kanäle im Kork, desto besser. Ob ein Kork später einmal eine wertvolle Flaschenfüllung durch seinen Geschmack ruinieren wird, das kann man ihm leider nicht ansehen. Ein gewisser Prozentsatz aller Korken wird aber, aufgrund nur schwer zu kontrollierender chemischer Reaktionen, von unsichtbaren Schimmelpilzen befallen und verwandelt ohne Unterschiede teuren wie billigen Wein in ein ungenießbares Gesöff.

Nach solchen Ausflügen kehrt man am Abend gerne nach Agnata zurück. Auch Gäste von außerhalb, die nach telefonischer Voranmeldung nur zum Essen kommen, erweitern fast immer die lebhafte Runde, um sich von Sarden ein echtes sardisches Mal servieren zu lassen. Das ist gar nicht so selbstverständlich, wie es klingen mag, denn die allermeisten touristischen Einrichtungen der Insel sind fest in nichtsardischer Hand. Fabrizio hat das von Anfang an bewußt anders gehalten, hat sich immer mit Einheimischen umgeben und von ihnen auch beraten lassen, denn sie wußten weit mehr über das wirtschaftliche Überleben in dieser kargen Welt, als er sich jemals alleine hätte aneignen können. Seine Ehefrau Dori und Sohn Christian führen auch in dieser Hinsicht den Betrieb ganz in seinem Sinne weiter.

Wenn man sich zum ersten Mal an einen der Tische unter den großen folkloristischen Wandbildern setzt, mag einen das ungewisse Gefühl beschleichen, ob man nicht mit einer halben Backe auf einem ideologisch völlig falschen Stuhl Platz genommen hat. Wenn dann aber die *zuppa*

Agnata – zum Wohlfühlen und Wiederkommen

cuata, die Brotsuppe mit Schafsbrühe und Pecorinokäse, dampfend vor einem steht, das *agnello con carciofi* und eine Portion *porceddu* duften, dann verfliegen schnell alle nörglerischen Ansätze, und das pure Wohlbefinden, unterstützt von einem kräftigen Schluck einfachen Hausweins, stellt sich unmittelbar ein. Vielleicht gibt es auch noch *panadas*, einfache Pastetentörtchen, gefüllt mit Fleisch, entweder Schwein oder Lamm mit Nierchen, man findet sie auch mit Aal, nur mit Gemüse oder gefüllt mit Hase, Wildschwein und, ganz besonders gut, mit Schnepfe. In jedem Falle sind alle Produkte aus der eigenen Landwirtschaft, Jagd und dem Küchengarten, es wird kaum etwas dazugekauft. Vieles wird im hauseigenen Olivenöl eingelegt, die Milch von den eigenen Kühen, Schafen und Ziegen wird zu Käse verarbeitet, die Hühner liefern täglich frische Eier und werden selten geschlachtet, da Geflügel in der sardischen Küche eine sehr untergeordnete Rolle spielt. Ganz zum Schluß gibt es selbstredend noch eine Nachspeise, ein erfrischendes Mirto-Sorbet oder ein Gebäck, das den bezeichnenden Namen *licaliti* trägt, denn was sollte man nach dem Verzehr von fritierten Teigtäschchen, gefüllt mit zarter Ricottacreme, auch anderes tun, als sich die Finger zu schlecken.

Licaliti
Teigtaschen mit Ricottacreme

Für 6 Personen

Für den Teig:
200 g Mehl
50 g Schmalz
Salz
lauwarmes Wasser

Für die Füllung:
200 g Ricotta
50 g Zucker
2 Tüten Vanillepulver
geriebene Schale von 2 Zitronen
Fritieröl
Puderzucker

Zutaten für den Teig gut vermengen und 1 Stunde ruhen lassen.
In einer Schüssel Ricotta mit Zucker, Vanillepulver und Zitronenschale verrühren.
Teig ausrollen und 10 Zentimeter große Quadrate ausschneiden. Füllung auf die Hälfte der Quadrate in die Mitte geben, mit den restlichen Teigblättern bedecken und die Ränder fest zusammendrücken. In Öl goldbraun fritieren, mit Puderzucker bestreuen und servieren.

Lieferant und Produkt

La Gritta

Palau

Vier Esel lebten auf der Insel Caprera – »Pius IX«., »Napoleon III.«, »Oudinot« und »Immacolata Concezione«, wobei der dritte den Namen des französischen Generals trug, der 1849 die römische Republik zu Fall gebracht hatte und der vierte schlicht »unbefleckte Empfängnis« hieß. Er verdankt seine Benennung einem jahrhundertealten theologischen Streit, den Pius IX. 1854 mit einem Dogma beendete, das von allen aufgeklärten Zeitgenossen als blanker Hohn empfunden wurde. Besitzer und Namensgeber der sturen Arbeitstiere war der Bauer und Patriarch, Revolutionär und Held, Soldat und General, Seemann und Korsar, Diktator und Befreier, Republikaner und Sozialist, Schriftsteller, Dichter und Namenspatron unzähliger italienischer Straßen und Plätze – Giuseppe Garibaldi. Der hatte sich nach einem langen und politisch bewegten Leben, von Rheuma geplagt, 1872 endgültig auf das felsige Eiland im Norden Sardiniens, das er seit 1855 besaß, zurückgezogen und unterzeichnete ab jetzt alle Dokumente nur noch mit der Berufsbezeichnung Landwirt.

Paolo und Beniamino, cucina d'Amore

Linke Seite: *La Maddalena – der Hafen*

Garibaldi weigerte sich zeit seines Lebens als Rentner auf Kosten des Staates zu leben. Er kokettierte mit seiner Armut, die durch Zuwendungen seiner Bewunderer aber sehr relativiert wurde. Außerdem besaß er nicht unwesentliche Einkünfte aus seiner Tätigkeit als Bestseller-Autor. Von der Kritik zwar in der Luft zerpflückt, wurden seine romantischen Romane dennoch zu Verkaufsschlagern. In »Clelia oder die Herrschaft der Priester« flüchtet die Romanheldin Clelia, die »Perle von Trastevere« vor den Avancen eines römischen Kardinals. Sie rettet sich mit einigen Freunden auf eine kleine Insel ohne Polizei oder Priester. Alle ordnen sich nur der natürlichen Autorität von »Il solitario« unter, einem gealterten Freiheitshelden, in dem die Leser leicht den Autor wiedererkennen konnten.

Papierdünne Erinnerungen

Mit Garibaldi begann der Tourismus in dieser weltvergessenen Gegend, und bis heute könnte man ihn, wäre er nicht schon als italienischer Nationalheiliger okkupiert, auch offiziell zum Schutzpatron des gewinnbringenden Besucherstroms zum Maddalena-Archipel erklären. Der bärtige Altrevoluzzer zog, auch nach seinem Rückzug aus dem politischen Tagesgeschäft, immer noch eine so große Zahl an Besuchern und Bewunderern an, daß man bald auf Maddalena ein Hotel eröffnen mußte. Von dessen Fenstern konnten seine Anhänger den Freiheitshelden wenigstens mit Fernrohren auf seiner kleinen Privatinsel gegenüber beobachten, wenn sie schon keine Audienz bekamen.

Drüben, in und um das »weiße Haus«, der äußerst bescheidenen Bleibe mit ganzen fünf Zimmern, war meist eine bunte internationale Gesellschaft versammelt. Wer auch über Nacht bleiben wollte, mußte dem bis heute auf Sardinien so beliebten Camping frönen und sein Zelt neben dem Haus aufschlagen. Einigen weiblichen Bewunderern, die ihren Helden

Carpaccio di polpo verace
Carpaccio vom Tintenfisch

Für 4 Personen

1 kg Tintenfisch
100 ml Weinessig
4 Blatt Fischgelatine
1/2 Bund Schnittlauch, gehackt
Salz, Pfeffer
Olivenöl extra vergine
Salat

Tintenfische 1 Stunde in Wasser kochen und im Kochwasser abkühlen lassen. Haut und Saugnäpfe abziehen. Essig bei großer Hitze um drei Viertel reduzieren. Gelatine im kalten Wasser einweichen. Tintenfisch mit Essig und Gelatine im Mixer zerkleinern. Mit Schnittlauch vermischen, salzen und pfeffern. Eine Wurst formen, in Frischhaltefolie wickeln und 24 Stunden im Kühlschrank kalt stellen. In dünne Scheiben schneiden und mit etwas Öl und Salatblättern servieren.

trotz Arthritis und Krücken heiß begehrten, blieb solche Unbequemlichkeit erspart, wie etwa der 19jährigen Francesca Armosino, die ihm 1867 eine Tochter gebar. In Erinnerung an dieses freudige Ereignis ließ der Inselpatriarch eine bis heute vielbewunderte Pinie pflanzen. Wer Hunger hatte, konnte sich mit an den Tisch setzen, an dem es keine nach irgendwelchen Rängen gestaffelte Sitzordnung gab und der italienische Graf oder der britische Lord neben dem Landarbeiter oder dem korsischen Briganten in friedlicher Eintracht die simplen Produkte der Selbstversorgerlandwirtschaft verzehrte, dazu Maccheroni, auf die Garibaldi seit seiner Zeit als Diktator von Sizilien und Neapel nicht mehr verzichten wollte, und danach Kaffee, den er im Exil in Südamerika schätzengelernt hatte.

Vom »Festland«, will sagen der Insel Sardinien, setzten die Besucher mit dem »piroscafo«, dem kleinen Dampfschiff, über, das unterhalb einer Poststation an der Küste ablegte. Diese war mit einer Staubstraße mit Santa Teresa di Gallura verbunden, über die einmal täglich die Postkutsche rumpelte. Das Städtchen Palau entstand erst ab 1875 als Bahnstation mit Verbindung nach Tempio und Sassari und einem neuen Hafen für die Fährverbindung nach Maddalena. Ähnlich wie sich früher im Pferdestall und den Unterkünften der aufgelassenen Poststation Tiere und Kutscher erholten, kann man sich ganz in der Nähe heute wieder prächtig regenerieren, seit die Gebrüder d'Amore 1987 ihr schönes Lokal La Gritta eröffnet haben.

Paolo und Beniamino heißen mit Familiennamen wirklich d'Amore, und es war die Liebe zur Küche, die sich mit dem Namen vererbte. Die Mutter war Köchin, der Onkel hatte ein Hotel, die Cousins haben zwei Konditoreien und eine Pizzeria. Alle stammen aus Neapel und haben in Turin als inneritalienische Emigranten ihr Glück gemacht. Auch Paolo hat in der Hauptstadt Piemonts Koch gelernt und zehn Jahre lang dort gearbeitet, bevor er vor 20 Jahren nach Sardinien gekommen ist. Zusammen mit seinem Bruder Beniamino ist er der Herr über den schönsten Ausblick auf das Inselarchipel von Maddalena. Von der Restaurantterrasse sieht man die Boote vorüberziehen, die die Badegäste zu Tagesausflügen in die schönsten Buchten der zerklüfteten sieben größeren und unzähligen kleinen

Inseln des Archipels bringen, oder die Fähren, mit denen man zum Hafen La Maddalena übersetzen kann. Der Ort ist ein lebendiger Treff von Touristen aus aller Herren Länder, die auf Sardinien oder Korsika Urlaub machen, gut durchmischt mit amerikanischen Seeleuten, die auf der Atom-U-Boot-Basis von Santo Stefano stationiert sind. Die Einheimischen gehen dazwischen in aller Ruhe ihren gewohnten Beschäftigungen nach, fast unter sich sind sie in den Sommermonaten nur in der gemütlichen kleinen Markthalle. Am Abend glitzern die Lichter des Hafens und der Uferpromenade über das Wasser herüber.

In heftige Konkurrenz dazu tritt das Funkeln am Hals und an den Handgelenken der weiblichen Gäste, die vorwiegend aus dem Nobelort Porto Rafael abends zu Paolo und Beniamino zum Essen herüberkommen. Der kleine Hafenort ist die introvertierte Variante des sardischen Edeltourismus. Hier hat man sein Häuschen irgendwo zwischen Felsen versteckt, die winzige Piazza eignet sich nicht für geräuschvolle Auftritte vor großem Publikum. Entsprechend zurückhaltend elegant ist auch die Atmosphäre im »La Gritta«, benannt nach der wohlschmeckenden Meeresspinne. Am Eingang empfängt einen ein großer holzbefeuerter Brotbackofen, an dem das frische *pane carasau* gebacken wird, das alte Symbol für offenherzige Gastfreundschaft. *Sfogliatina di gamberi, carpaccio di polpo, gamberetti in crosta di melanzane, insalatina di calamaretti freschi e gamberi con rughetta, tagliolini neri con gamberi e vongole, rombo in salsa di peperoni dolci* steht dann verlockend auf der Speisekarte, also luftige Blätterteigpasteten mit Gamberi, das raffinierte Carpaccio vom Tintenfisch, eine der neuesten Inventionen des Hauses, kleine Garnelen im knusprigen Auberginenmantel, herrlich erfrischender Salat von kleinen Calamari und Garnelen mit Rauke, die am Tisch aus der Aluminiumpfanne servierten, hausgemachten

Tagliolini neri con gamberi e vongole
Schwarze Tagliolini mit Garnelen und Muscheln

Für 4 Personen

Für den Teig:
100 g Mehl
100 g Hartweizengrieß
3 Eier
Tinte von 3 Tintenfischen
Salz
etwas Weißwein

Für die Sauce:
8 Garnelen, geschält
200 g Venusmuscheln
Olivenöl extra vergine
1 Knoblauchzehe
1/2 Bund Petersilie, gehackt

Zutaten für den Teig gut vermengen und durchkneten. Teig etwa 3 Stunden im Kühlschrank ruhen lassen, dann dünn ausrollen und mit der Nudelmaschine Tagliolini machen.

In einer Pfanne Knoblauchzehe im Öl leicht anbräunen, die gewaschenen Muscheln dazugeben und bei großer Hitze sich öffnen lassen. Garnelen in Stücke schneiden, hinzufügen und einige Minuten köcheln.

Tagliolini in reichlich Salzwasser al dente kochen, in der Sauce schwenken, mit Petersilie bestreuen und servieren.

Linke Seite: *La Maddalena, die Badeinsel*

Rombo in salsa di peperoni dolci
Steinbutt in Paprikasauce

Für 4 Personen

600 g Steinbuttfilet
2 rote Paprika
2 gelbe Paprika
Olivenöl extra vergine
Salz, Pfeffer
1/2 Glas Fischfond
1/2 Glas Weißwein

Paprika im auf 200 Grad vorgeheizten Ofen etwa 20 Minuten garen, Haut abziehen und nach Farben getrennt im Mixer mit jeweils 1 Eßlöffel Olivenöl, Salz und Pfeffer zerkleinern und im Wasserbad warm halten.
In einer Pfanne mit 2 Eßlöffeln Öl die Steinbuttfilets leicht anbraten, salzen, Fischfond und Weißwein dazugeben und wenige Minuten garen. Mit den Paprikasaucen servieren.

schwarzen Tintenfischnudeln mit Garnelen und Venusmuscheln und ein schmackhafter Steinbutt mit Saucen aus rotem und aus gelbem Paprika. Wenn man aber an einem Tisch neben dem Geschmeide auch noch die Augen so richtig glitzern sieht, dann handelt es sich dabei vermutlich um Stammkunden, die sich eine *zuppa di crostacei in pasta sfoglia* vorbestellt hatten. Diese nicht ganz billige Spezialität, eine Suppe aus den besten Schalentieren mit Blätterteighaube, läßt einen selbst den traumhaften Blick auf das Meer kurzzeitig vergessen.

Auch die Desserts, meist von Beniamino zubereitet, sollte man in weiser Vorausschau bei der Menüauswahl nicht vergessen. Ein Halbgefrorenes aus Kaffee etwa, *semifreddo al caffé*, oder zumindest ein hausgemachtes Eis oder Sorbet. Besonders erfreulich und in Sardinien selten anzutreffen ist auch die reichhaltige Käseauswahl, die man vom Käsewagen wählen kann. Neben sardischen *pecorini* von unterschiedlichsten Reifegraden, *peretta* oder *ricotta* finden sich da auch *raschera, taleggio* oder *castelmagno*, Käsespezialitäten aus Piemont. Serviert werden sie mit *miele di corbezzolo*, dem sardischen Bitterhonig, und mit *abbamele*, einem karamelisierten und mit

feinsten Streifen von Zitronen- und Orangenschale aromatisierten Honig. Nicht erst zu den Nachspeisen sollte man sich von Beniamino bezüglich der Weine beraten lassen. Er ist ausgebildeter Sommelier, und was sardische Weine betrifft, immer auf allerneuestem Stand. Zum Essen empfiehlt er gerne den Vermentino di Gallura Funtanaliras aus der Winzereigenossenschaft von Monti, nicht zuletzt wegen seines ausgezeichneten Preis-Leistungs-Verhältnisses. Er ist ein eleganter fruchtiger Vermentino, der Dank einer gründlichen Umstrukturierung dieser Kellerei neuerdings möglich geworden ist. Auch der Vermentino Tuvaoes aus der Kellerei von Giovanni Cherchi zählt zu seinen Favoriten. Zum Käse könnte es dann ein Luzzana, wiederum von Cherchi, sein, ein im Barrique ausgebauter Rotwein aus Cannonau- und den ebenfalls autochthonen Cagnulari-Trauben. Wer gerne Süßweine trinkt, sollte sich von Beniamino, ob zum Käse oder zum Dessert, die entsprechenden, noch sehr wenig bekannten sardischen Vertreter dieser Freudenspender servieren lassen: einen Moscato Bianco Passito von Cagliari aus der Kellerei Dolianova etwa, einen Nasco di Ortueli, eine Malvasia di Bosa oder den Angialis aus dem Hause Argiolas.

Semifreddo al caffè
Halbgefrorenes mit Kaffee

Für 4 Personen

4 Eigelb
120 g Zucker
3 kleine Tassen Espresso
250 g Sahne, steif geschlagen

Im Wasserbad Eigelb und Zucker schaumig schlagen. Mit dem Kaffee gut vermischen. Schlagsahne vorsichtig unterheben. In 4 kleine Formen füllen und 2 Stunden im Tiefkühlschrank gefrieren lassen.
Nach Geschmack mit einer Schokoladen- oder Vanillesauce und Gebäck servieren.

Azienda Vitivinicola "Gostolai"
di Tonino Arcadu
Repertorio
Veronelli
dei Vini Italiani

I Frati Rossi
Porto Cervo

Die Costa Smeralda ist seit Jahren Symbol der »Modernisierung« Sardiniens, der Weiterentwicklung der Insel und ihres triumphalen Einzugs in den Bannkreis des internationalen Tourismus. Für die Sarden war dieser Vorgang aber vor allem eine wirtschaftliche und kulturelle Vergewaltigung. Die Enklave existiert fast völlig losgelöst von der Insel, selbst die meisten Dinge des täglichen Gebrauchs werden von außen leichter, konstanter und billiger angeliefert, als das vom bäuerlichen Hinterland der Gallura geleistet werden könnte. An-den-Rand-gedrängt-Werden und Kolonisierung sind die Folge, schlau unter dem Deckmäntelchen der scheinbar freien Wahl zwischen dem Gestern und der Zukunft versteckt. Was Sardinien verdient hätte, wäre ein Tourismus ohne Boom, der sich an den Realitäten und den Möglichkeiten der Insel orientiert hätte und nicht am aberwitzigen Reichtum eines Sektenführers.

Die Baldareschi von Pevero Hill

Linke Seite: *Frati Rossi – wie im Traum*

Für jeden sichtbar wird die Enterbung der Sarden an der Architektur. In einer ersten Welle hat Beton alle traditionellen Formen des Wohnens hinweggeschwemmt und gar nicht erst die Möglichkeit gelassen, das althergebrachte Bauen sanft zu modernisieren. Vielleicht noch schlimmer ist die Ausbreitung des unsäglichen »stile neo-sardo« oder »neo-mediterraneo«. Die Sehnsucht ihrer gutbetuchten Kunden nach dem unschuldigen und unbeschwerten Leben am Meer haben gutbezahlte Architekten mit einem eklektizistischen Mittelmeerstil zu befriedigen gewußt. Im Einzelhausbau, in Hotels oder kleineren Urbanisierungen und Ferienwohnanlagen gibt es ästhetisch durchaus gelungene Beispiele. Ob man nun Stella Maris, die Kirche von Porto Cervo oder das sündhaft teure Hotel Cala di Volpe des französischen Architekten Jacques Couelle dazuzählen will oder nicht, darüber kann man streiten. In den meisten Fällen wurden allerdings filmreife Kulissen von Fischerdörfern entworfen, denen man das Innenleben von gehobenen Freizeitparks verpaßte. Es hat nur wenige Jahre gedauert, bis die alten Füchse der Bauspekulation die Elemente der Einfachheit, die windschiefen Holzbalkone oder »Mönch und Nonne« auf dem Dach als wohlfeile Applikationen entdeckten, um ihre flink hochgezogenen Betonskelette zu »typical sardinan island-homes« umzustilisieren.

Stella Maris, die Kirche von Porto Cervo

Schlimm genug, daß laut »Masterplan«, dem Bebauungsplan der Eigentümergemeinschaft »Consorzio Costa Smeralda«, noch einige weitere tausend Kubikmeter bebauter Raum vorgesehen sind, »per valorizzare la costa ancora libera«, also um auch den noch freien Teilen der Küste einen Wert zu geben. Das klingt wie von Sarden gesprochen, die ihre Küstenstreifen an die Töchter vererbten, weil sie als Weideland unbrauchbar und damit wertlos waren. Schlimmer noch, wenn die immer schamloser im Stil von Disney-Land aufgepeppten Architekturen nun auch die Vorbilder für die Neubauten der Einheimischen abgeben.

Malloreddus alla barbaricina
Sardische Nocken mit Speck

FÜR 4 PERSONEN

Für den Teig:
250 g Hartweizengrieß
lauwarmes Wasser
Salz
1 Prise Safranpulver

Für die Sauce:
10 Scheiben geräucherter Bauchspeck, gewürfelt
2 EL Olivenöl extra vergine
6 Salbeiblätter
200 g passierte Tomaten, geschält
2 EL Sahne
Salz, Pfeffer
50 g reifer Pecorino, gerieben

Grieß mit lauwarmem gesalzenem Wasser und Safranpulver so lange durchkneten, bis ein fester Teig entsteht. Ruhen lassen.
Aus dem Teig etwa 1 Zentimeter dicke Schlangen rollen, diese in kurze Stücke schneiden und kleine Kugeln formen und diese mit dem Daumen leicht gegen einen geflochtenen Korb drücken.
In einer Pfanne Speck und Salbei in Öl anbraten, Tomaten hinzufügen und 10 Minuten köcheln. Salzen, pfeffern und mit der Sahne vermischen.
Nocken in reichlich Salzwasser al dente kochen und in der Sauce schwenken. Mit Pecorino bestreut servieren.

Es ist nur logisch, daß auch die Retortenstädte Porto Rotondo oder Porto Cervo den Weg alles Exklusiven gehen: Sie werden als Schaustücke vermarktet. Es ist nur eine Frage der Zeit, wann man für Bus- und sonstwie angereiste Touristen Eintritt verlangen wird, wann Michael Schumacher nicht mehr in einem Café an der Piazza oder Claudia Schiffer nicht mehr in einer Diskothek in den frühen Morgenstunden ohne satte Bezahlung auftauchen werden. Und trotzdem kann ein abendlicher Einkaufsbummel durch die Boutiquen von Versace, Gucci, Armani, Missoni und wie sie alle heißen durchaus ein Vergnügen sein. Ob man aber gut beraten ist, wenn man in dieser Umgebung auch sein Restaurant für den Abend sucht, das sei dahingestellt.
Es gibt Alternativen. Eine davon liegt ein wenig versteckt in den Felsenhügeln hinter Porto Cervo mitten in der locker gestreuten Siedlung mit Ferienhäusern »Pevero Hill«. Assoziationen zu Beverley Hills sind beabsichtigt, ironische Lesarten wie »Povero Hill« durchaus zulässig. Im ehemaligen Clubhaus hat Gabriele Baldareschi, einst Handelsvertreter für holzverarbeitende Maschinen, seine Trattoria I Frati Rossi eröffnet. Der Platz schien dem unternehmungslustigen Mann aus der Toskana bestens geeignet, um sich und seiner Familie einen lange gehegten Traum zu erfüllen. Einem Traum, den Gabriele kurz vor dem Sprung in das neue Abenteuer hatte, entspringen auch die drei roten Mönche, die Namensgeber und Symbole des Lokals wurden.
Gabriele war in seiner früheren Tätigkeit viel in Sardinien herumgekommen und hat die einheimische Küche in ihren regionalen Ausprägungen schätzen- und liebengelernt. Heute bietet er seinen Gästen weitgehend alles, was die verschiedenen Landschaften der großen Insel zu bieten haben, denn wenige seiner Gäste bewegen sich von der Costa Smeralda weg. Er fände es schade, wenn sie, wie die »Ängstlichen«, wie er sie nennt, nur Insalata Caprese oder sonst sattsam Bekanntes bestellen und die ganzen ursardischen Köstlichkeiten nicht kennenlernen würden, die er ge-

Monzette alla sassarese

Schnecken nach Sassareser Art

FÜR 4 PERSONEN

1 kg kleine Weinbergschnecken
2 EL Olivenöl extra vergine
1 Knoblauchzehe, gehackt
1 Peperoncino
1 Glas Weißwein
Salz
1 Bund Petersilie, gehackt
1 Handvoll Paniermehl

Von den geschlossenen Schnecken den kalkhaltigen Verschluß entfernen, indem man sie in lauwarmes Wasser legt, bis dieser sich leicht löst. Schnecken in Wasser mit grobem Salz und etwas Essig gut waschen und sorgfältig unter fließendem Wasser spülen.
In einer Pfanne mit Öl Knoblauch und Peperoncino anbräunen. Schnecken in die Pfanne geben, kurz anwärmen und mit Weißwein begießen. Salzen und Petersilie dazugeben. Wenn der Wein reduziert ist, 1 Glas Wasser dazugießen und etwa 15 Minuten gar kochen. Mit Paniermehl bestreuen, mischen und servieren.

Costa Smeralda, ein ideales Segelrevier

Delizie al gelato
Karamelisierte Äpfel mit Eis

Für 4 Personen

4 Äpfel, geschält und in dünne Scheiben geschnitten
100 g Butter
150 g Zucker
4 Kugeln Vanilleeis
20 g Puderzucker

Äpfel in eine feuerfeste Form legen, mit der geschmolzenen Butter bestreichen, mit Zucker bestreuen und 20 Minuten in den auf 200 Grad vorgeheizten Ofen geben.
Äpfel auf die Teller verteilen, je 1 Kugel Vanilleeis dazugeben und mit dem restlichen geschmolzenen Karamel aus der Form garnieren.
Mit Puderzucker bestreuen und warm servieren.

schickt in seiner »grand bouquet di mare« genannten Folge von kleinen Gerichten versteckt. Es sind zehn an der Zahl, darunter etwa *burrida, musciame di tonno, ceci e bottarga, zuppetta di cozze e arselle* oder *polpo e patate*, also marinierter Katzenhai, Filets vom Thunfisch, Kichererbsen mit Meeräschenrogen, eine Suppe mit Mies- und Venusmuscheln oder Tintenfisch mit Kartoffeln. Danach folgt nur noch ein Dessert.
Auf der Speisekarte und zusätzlich an der täglich neu beschriebenen Tafel finden sich Dinge wie *le ciotoline*, Gemüsevorspeisen, die in Tontöpfchen serviert werden, *ignudi*, die Nackten, nicht von Michelangelo an die Decke der Sixtina gemalt, sondern von Ehefrau Graziella Traverso dekorativ auf den Teller verteilte Zärtlichkeiten aus Spinat und Ricotta. In der kälteren Jahreszeit gibt es auch eine *ribollita*, denn nichts wärmt so schön wie diese gute alte Brotsuppe aus Gabrieles toskanischer Heimat. Im Winter, wenn fast alles hier geschlossen und ausgestorben ist, hält er sein Lokal trotzdem geöffnet, denn »60 Prozent der Häuser hier oben gehören Deutschen, und die kommen auch zu den unmöglichsten Zeiten ab und zu vorbei. Außerdem kommen zu dieser Zeit die wenigen Einheimischen und das ganzjährige Stammpersonal der Hotels zu mir und schicken mir dann im Sommer die interessierten Fremden in mein Versteck.«
Graziella, die aus Ligurien stammt, hat natürlich auch eine besondere Vorliebe für die sardischen Gerichte, die die Genuesen auf der Insel hinterlassen haben. Sie macht wunderbare *mandilli de sea au pesto*, wörtlich: seidene Taschentücher mit Pesto, also feine Teigblätter mit der klassisch ligurischen Basilikumsauce, die es auch zu den *trenette*, den feinen Bandnudeln gibt. Ganz sardisch dann wieder die *malloreddus*, die Nocken aus Hartweizengrieß und mit etwas Safran. Graziella macht sie ganz herkömmlich, indem sie ihnen die gewünschte Struktur durch Rollen über ein Korbgeflecht gibt und *alla barbaricina*, also mit einer Sauce aus Speck, Tomaten und Schafskäse serviert.
Natürlich fehlen auch *porceddu*, das charakteristische Spanferkel, *cosciotto d'agnello al forno*, Lammkeule aus dem Ofen, *salsiccia sarda grigliata*, die

Hotel Cala di Volpe – bescheidene Hütte für Unbescheidene

grobe sardische Bauernwurst, die gegrillt wird, und *pecorino fritto*, der fritierte Schafskäse nicht. Ein kulinarischer Festtag ist aber angesagt, wenn *monzette alla sassarese* auf der Tafel stehen, die man in Cagliari *tappadas*, die Gedeckelten, nennt, verwandt mit dem spanischen Tapas, was heute als Bezeichnung für unterschiedlichste Vorspeisen verwendet wird, ursprünglich aber nur die Scheibe Schinken bezeichnete, mit der man sein Gläschen Sherry bedeckt bekam, damit die Fliegen sich nicht ihren Anteil holen konnten. Um Sassari herum heißen die Schnecken hingegen Nonnen, sind deren Häuser doch dunkel wie das Gewand und die Deckel hell wie die steifen Hauben der frommen Schwestern. Man hat dort auch eine spezielle Technik entwickelt, um die beliebten Erdbewohner zu essen. Man nimmt das ganze Schneckenhaus in den Mund, sticht ein Loch hinein und saugt sie aus.

Das setzt viel Übung voraus, und man sollte vielleicht beim bewährten Zahnstocher bleiben, um noch Zeit für eine *orata al forno con pomodori, patate e zafferano*, die Goldbrasse mit Tomaten, Kartoffeln und Safran, zu haben, bevor wir zu den Süßspeisen greifen. Die Wahl könnte etwa auf hausgemachte Eisspeisen fallen wie karamelisierte Äpfel mit Vanilleeis, auf gatò, eine Klebrigkeit aus Mandeln und Honig, die man im Süden auf Zitronenblättern serviert, oder, mit ähnlichen Eigenschaften, *aranzadas*, kandierte Apfelsinenschale mit Mandelsplittern, eine süßer als die andere, vergleichbar mit Maura und Ialta, den Töchtern des Hauses, die mit schöner Natürlichkeit die Gäste bedienen.

Giagoni

San Pantaleo

Paolo Giagoni

Linke Seite: *Die kleine Piazza von San Pantaleo …*

Es mag San Pantaleo gewesen sein, der wundertätige Arzt des Kaisers Diokletian, der das kleine Dörfchen, das seinen Namen trägt, so geschickt zwischen den Granitfelsen versteckt hat, daß es bis heute weitgehend von den dramatischen Veränderungen unten an der nahen Küste verschont geblieben ist. Hier wohnen ganzjährig rund 1000 Menschen in ihren schmucken Granithäusern und in ihrem gewohnten Rhythmus. Mehr amüsiert als beunruhigt werfen sie ab und zu einen Blick hinter die Felsspitzen hinunter auf das eitle Treiben. Einige Künstler haben sich hier niedergelassen, wie immer nahe den Plätzen, die auch mögliche Auftraggeber und Käufer in größerer Zahl anziehen. Da man sich die Teilnahme an deren Leben aber meist nur stundenweise leisten kann, suchte sich das Musenvolk schon immer die etwas versteckten, bezahlbaren Winkel. Nur allzuoft rücken dann die Reichen nach, und die Kreativen ziehen ab.

Möge der Heilige sein Dörfchen vor dieser Zukunft bewahren, ihm noch möglichst lange seinen kleinen Markt an jedem Dienstag erhalten, den Alten ihre Sitzplätze vor dem Haus, Handwerkern wie dem beliebten Kunstschmied Solinas oder den schreinernden Brüdern Matta ihre bezahlbaren Werkstätten und der Piazza ihre schönen Oleanderbäume. Um wesentlich mehr muß man sich hier keine Sorgen machen, es gibt nichts anderes. Außer, man wolle noch das »Giagoni« in diese Fürbitte mit einschließen, dann sollte man diesem wünschen, sich möglichst lange die schöne Balance zwischen junger Dynamik und Bekenntnis zum Traditionellen zu erhalten, allerdings auch, daß die himmlische Erleuchtung den unternehmenslustigen Paolo treffen möge, damit er sich nicht länger so vehement für die elektrische Erleuchtung der schützenden Felsen stark macht.

… und die schützenden Felsen

Paolo hat nach seiner Ausbildung als Bauingenieur 1985 das elterliche Restaurant übernommen, der Mama weiter das Regiment in der Küche überlassen und sich um dessen Ausbau und den Zubau eines kleinen Hotels mit 15 Zimmern gekümmert, das jetzt die Schwestern liebevoll betreuen. Aus der Bar hat er das Caffé Cactus gemacht, inzwischen der Aufwärmplatz für die witzigsten Nachtschwärmer der Costa, die sich hier »pre-discoteca«, also so zwischen Mitternacht und drei Uhr, bei Live-Musik auf die anschließende Schwerarbeit in den dröhnenden Hallen vorbereiten. Das Dorf schläft dann schon, die Restaurantbesucher sind satt und befriedigt abgezogen, und die wenigen Jungen im Dorf genießen das Gefühl, daß das Leben nicht ganz an ihnen vorübergeht.

Bei »Giagoni« ißt man die Spanferkel von Vater Pasquales Bauernhof, der keine sechs Kilometer außerhalb des Dorfes liegt und auch Eier, Obst und Gemüse für den klassischen Familienbetrieb produziert. Die Geschmäcker

Risotto al nero di seppia con pomodori e ricotta

Schwarzer Risotto mit Tomaten und Ricotta

FÜR 4 PERSONEN

400 g Risottoreis
400 g kleine Tintenfische, geputzt
1 weiße Zwiebel
2 Knoblauchzehen, gehackt
3 EL Olivenöl extra vergine
Salz
1 TL Basilikum, gehackt
1 TL Petersilie, gehackt
1 Peperoncino
1 Glas Weißwein
700 ml Gemüsebrühe, kochend
6 kleine reife Tomaten
30 g gesalzene reife Ricotta, gerieben

Zwiebel und Knoblauch in Öl leicht anbräunen und die Tintenfische in kleine Stücke schneiden und dazugeben. Mit der Tinte eines Tintenfisches vermischen und salzen. Den Reis, Basilikum, Petersilie und Peperoncino hinzufügen, Weißwein angießen und etwa 20 Minuten unter wiederholtem Umrühren und der schöpflöffelweisen Zugabe der Brühe kochen.
Mit den kleingeschnittenen Tomaten und der geriebenen Ricotta servieren.

… unten an der Costa Smeralda – das eitle Treiben

Cinghiale agli agrumi
Wildschweinragout in Orangensauce

FÜR 4 PERSONEN

600 g Wildschweinragout
3 EL Olivenöl extra vergine
1/2 Zwiebel, gehackt
1/2 l Orangensaft, frisch gepreßt
3 Lorbeerblätter
Salz, Pfeffer

In einer Pfanne mit etwas Wasser Wildschweinragout 10 Minuten kochen. Fleischstücke herausnehmen und die ausgetretene Flüssigkeit wegschütten. Zwiebel im Öl glasig werden lassen, Fleischstücke und Lorbeer dazugeben, Orangensaft angießen und etwa 1 1/2 Stunden garen.

des nahen Meeres, der Landwirtschaft und der Küche der Hirten vereinigen sich glücklich in Gerichten wie dem *risotto al nero di seppia con pomodoro fresco e ricotta salata*, dem tiefschwarzen Tintenfischreis mit leuchtend roten Tomaten und weißer Ricotta, der *ricotta con bottarga e pomodoro fresco*, der auf *pane carasau* servierten Vorspeise mit ganz ähnlichen Geschmacksnoten, wobei allerdings der Meeräschenrogen den Part des Meeres übernimmt. Oder es sind die *penne con calamari e zucchine*, die Röhrennudeln mit Tintenfisch und Zucchini, der bewährte *polipo e patate con crostoni all'aglio*, die Vereinigung von Kartoffel und Polpo, begleitet von einem gut geknofelten gerösteten Brot und, zugegeben etwas ausgefallen, aber probierenswert, die *aragosta con ricotta al profumo di verdure*, die Languste mit Ricotta-Frischkäse und Gemüsearomen, die geschmacklich Hochzeit von Boden und Meer halten. Klassischer die *culurgiones al profumo di menta*, sardische Ravioli mit Minze, und ganz hervorragend das *cin-*

Torta Natalina
Ricotta-Käsekuchen

300 g frische Ricotta (ersatzweise Hüttenkäse)
300 g Zucker
3 Eier
geriebene Schale von 1 Zitrone
1 Tütchen Backpulver
30 g Schokoladensplitter
300 g Mehl
1 TL Butter
Puderzucker

In einer Schüssel Ricotta und Zucker gut vermischen. Die 3 Eigelb unterrühren. Zitronenschale, Backpulver und Schokoladensplitter dazugeben und das Mehl langsam einarbeiten. Eiweiß steif schlagen und vorsichtig unterheben.
Eine Springform einfetten, die Masse einfüllen und im auf 180 Grad vorgeheizten Ofen 20 Minuten backen.
Abkühlen lassen und mit Puderzucker bestreuen.

Markttag in S. Pantaleo

ghiale agli agrumi, das Wildschwein in Orangensauce, ein Beitrag Paolos zur hauseigenen Küche, denn er ist ein leidenschaftlicher Jäger, und in den Hügeln um das Dorf haben sich die Schwarzkittel in den letzten Jahren lebhaft vermehrt.

Zu Nachspeisen wie *ricotta con miele e saba*, Ricotta mit Honig und Traubenmostsirup, *torta Natalina*, den nach der Mutter benannten Ricotta-Käsekuchen, und *dolci sardi*, allerlei sardischem Gebäck, ist man auch noch zu überreden, winken doch zur Erleichterung hinterher eine Auswahl zwischen *mirto, limoncello* oder *filu 'e ferru*. Der berüchtigte »Eisendraht«, der verbotene Schnaps früherer Zeiten, wurde so genannt, weil man die Schwarzbrände vor der überall lauernden Polizei so gut in der Erde versteckte, daß man sie durch einen an den Flaschenhälsen angebrachten und aus dem Boden herausstehenden Draht wiederauffindbar machen mußte.

Rosemary

Liscia di Vacca

Nach Liscia di Vacca kommen viele wegen des exklusivsten Hotels Sardiniens, dem Pitrizza. Hinein kommen die wenigsten. Also nimmt man vorlieb mit einem Rundgang durch die Anlage Bagaglino, die Signor Bertelli, ein Unternehmer aus Brescia, errichten ließ. Zwischen hüpfenden Fitneßgruppen, kleinen Kanälen und Wasserfällen, Brückchen und exotischem Gewächs steht das Lächerlichste, was die Costa Smeralda an architektonischem Kitsch zu bieten hat. Wie gut, daß es in dieser Welt der totalen Entfremdung eine Wirtin aus der Fremde gibt.
Nur wenige hundert Meter nach Bagaglino die Straße weiter, steht in einer Kurve das alte Bauernhäuschen, das Susanne Aymé 1975 aufgestöbert hat. Damals gab es noch nichts in der Gegend außer eben dieser Ruine ohne Strom und ohne Wasser, vor der in aller Ruhe eine Kuh graste. Die Kuh hieß Rosemary, und bald trug das kleine Lokal ihren Namen, das die junge Aussteigerin aus Irland hier einrichtete. Sie hatte damals schon eine Ehe in Frankreich und die Hotelfachschule in der Schweiz hinter sich und wurde die erste Frau Sardiniens, die je eine Schanklizenz bekam.
Welche Sprache der gemütliche, friesisch anmutende schwarzweiße Wiederkäuer vor dem Haus eigentlich sprach, das ist nicht überliefert. Im »Rosemary« war die Verkehrssprache von Anfang an Englisch, und sie ist es bis heute geblieben. Köchin Joan kommt aus Australien, die feschen Jungs, die die Gäste umsorgen, sprechen alle Schattierungen der Weltsprache, und die vielen italienischen Gäste geben sich dank unzureichender Sprachkenntnis zuweilen am Beginn des Abends erstaunlich wortkarg.
Eigentlich sollte man die Zeit des Sonnenuntergangs auf Susannes einmaliger Garten-Terrasse verbringen, auf der man sitzt, wie man sich das von der Costa Smeralda erträumt, aber so gut wie nie vorfindet. Aber um diese Zeit ist dort noch keiner, der Betrieb kommt gerade langsam in Fahrt, und erst so ab zehn Uhr beginnt der Abend. Der ist voller »bella gente«, pardon, »nice people« würde man hier sagen, einer herrlich verrückten Mischung aus den letzten Smeraldinern, die sich einen Abend ohne großen Auftritt leisten können, ohne daß ihr Selbstbewußtsein dadurch gleich eine bedrohliche Delle bekäme.
Susanne liebt und kennt sie alle, und alle lieben »Rosemary« seit dem ersten Tag. Gerit aus Deutschland, auch er älter geworden und in diesem Sommer einmal wieder hier, erinnert sich an den Eröffnungsabend. »Wir waren 60 Gäste und Susanne mit einer Hilfe ganz alleine. Es hat nicht lange gedauert, und viele von uns sind aufgestanden, um mitzuhelfen. Es gab riesiges Gelächter, man kannte sich schnell, blieb bis früh in den Morgen und so war von Anfang an der bis heute typische Stil des ›Rosemary‹ geboren.« Susanne schüttelt bei solchen Erinnerungen nur den rotblon-

Susanne Aymé, erste Frau auf Sardinien mit Schanklizenz

Linke Seite: *Wasserfall mit Umwälzpumpe – Bagaglino*

Alle lieben Rosemary

Sformato di ricotta
Ricotta Pie
Ricottaauflauf

700 g Ricotta
300 g Pecorino, gerieben
3 Eier
3 EL Olivenöl extra vergine
Thymian
Oregano
Salz, Pfeffer
100 g Rucola
1 Williams-Birne
50 g Parmesan, gehobelt

Ricotta und Pecorino mit den 3 Eigelb gut vermischen, Öl und Gewürze dazugeben, salzen und pfeffern. Eiweiß steif schlagen, vorsichtig unterheben und in einer Backform im auf 180 Grad vorgeheizten Ofen 45 Minuten backen.
Abkühlen lassen, in Stücke teilen und mit Rucola, Birnenschnitzen und Parmesan angerichtet servieren.

den Schopf und kümmert sich um weitere Neuankömmlinge. Man versteht, warum es hier nur Stammgäste gibt. Das improvisierte Ambiente unter niedrigen Zimmerdecken, mit wahren Kissengebirgen vorne am Eingang in der Bar, die Kellner mal mit, mal ohne Hemd, die Speisekarte in Englisch und voller Überraschungen, die Toilette ein wahres Mosaikkunstwerk aus Restkacheln, die billig zu haben waren, die verschiedenen blauen und weißen Holzstühle mit Strohgeflecht von sardischen Bauern und keine weißen Tischdecken, das alles ist nichts für die einen, doch der schönste und natürlichste Platz inmitten gestylter Künstlichkeit für die anderen.
Auch die Küche trägt ihren Teil zu diesem sympathischen kreativen Chaos bei. Die Gäste hätten sich an vielen Plätzen der Freizeitwelt unserer Tage in dieser Konstellation treffen können, etwa auch in Susannes zweitem Restaurant auf den Kanarischen Inseln, das sie bis vor wenigen Jahren im Winter betrieb. Das Sprachengewirr und die Gerichte spiegeln das wider. Anregungen und Rezepte stammen ebenfalls aus den beliebtesten Ecken dieser Welt. Da steht ein indisches Curry unter einem chinesischen Gericht, da brutzelt der frische Fisch mit französischen Kräutermischungen auf dem Grill neben einem saftigen Steak, wie es die Amerikaner lieben, da gibt es jeden Abend eine, aber wirklich nur eine einzige typisch sardische Speise, und da brillieren die englischen Nachspeisen. Susanne bringt alles und alle problemlos und völlig unideologisch unter einen Hut. Gekocht und gebacken wird aber ausschließlich aus lokalen Zutaten, das ist Programm, und deshalb kauft die Hausherrin selbst jeden Vormittag in Olbia für den Abend ein und erstellt ihre ständig wechselnde Speisekarte.

Agnello al forno
Leg of Lamb
Lammschlegel

Für 4–6 Personen

1 Lammschlegel, entbeint
100 g Bauchspeck, gewürfelt
50 g Paniermehl
3 frische Rosmarinzweige, gehackt
6 Knoblauchzehen, gehackt
Salz, Pfeffer
3 EL Olivenöl extra vergine
4 Knoblauchknollen
2 Zucchini

Speck, Paniermehl, Rosmarin, Knoblauch, Salz, Pfeffer mit dem Olivenöl vermischen und damit den Schlegel füllen. In einer Reine im auf 200 Grad vorgeheizten Ofen anbraten, dann Temperatur reduzieren auf 160 Grad. Insgesamt 75 Minuten braten. Die Knoblauchknollen etwas über der Mitte quer durchschneiden und die unteren Hälften in der Reine mitgaren.
Zucchini in Scheiben schneiden und auf dem Grill kurz garen. Das Fleisch in Scheiben geschnitten und mit Knoblauch und Zucchini angerichtet servieren.

Sommerlich und erfrischend unkonventionell

Linke Seite oben: *Gleich hinter alten Gräbern wächst junger Wein*

Torta di limone
Lemon Tarte
Zitronentorte

Für den Mürbeteig:
500 g Mehl
Salz
150 g Butter
1 EL lauwarmes Wasser

Für die Füllung:
Saft von 7 Zitronen
10 Eier
450 g Sahne
500 g Zucker

Zitronensaft, Eier, Sahne und Zucker gut verrühren und über Nacht in den Kühlschrank stellen.
Mehl und Salz und die weiche Butter in eine große Schüssel geben und zu einem Teig kneten. Wasser dazugeben und weitere 2 Minuten kneten. Teig etwa 30 Minuten ruhen lassen. Anschließend ausrollen und eine Backform damit auslegen.
Den Teigboden mit einer Gabel perforieren und im auf 180 Grad vorgeheizten Ofen etwa 10 Minuten backen.
Ofen auf 130 Grad herunterschalten. Füllung in die Backform gießen und im Ofen etwa 10 Minuten stocken lassen. Abkühlen lassen und servieren.

Den Gästen ist es natürlich unbenommen, zumindest beim Wein ganz einheimisch zu bleiben, und vielleicht einen Vermentino die Gallura von der Tenuta di Capichera zu trinken. Die Kellerei der Gebrüder Mario und Fabrizio Ragnedda, auch sie nicht ganz so sardisch, wie es scheinen mag, die familiären Wurzeln liegen in Spanien, befindet sich nur wenige Kilometer im Hinterland und zählt zu den innovativsten Sardiniens. Der Grund, auf dem sie steht, ist alt, uralt sogar. Nuraghen und Gräber liegen zwischen den Weinbergen, mit ihren felsig-sandigen Böden für einen Vermentino geeignet wie keine anderen. Die Weine aber sind jung, modern und mit die besten der Insel. Ein Vignangena paßt mit seiner frischen Fruchtigkeit und seinem Duft nach tropischen Früchten wunderbar zu

Mario Ragnedda, sein Wein hat sardische, seine Familie spanische Wurzeln

Susannes exotischer Küche, der Vermentino di Gallura Capichera in der Version Riserva, im neuen Barrique ausgebaut, kann auch robusten Geschmackspartnern gegenübertreten. Und daß die Weine durchaus ihren Preis haben, wen stört das schon an diesem Abend und auf dieser Terrasse, im heimeligen Versteck der letzten unaufgeregten VIPs.

Sardisches Küchenlexikon

abbamele: *karamelisierter Honig*
agliàda: *Knoblauchsauce*
aligusta: *Languste*
allu: *Knoblauch*
Anghelu Ruju: *roter Dessertwein aus Cannonau-Trauben*
anguidda incasada: *junge Aale mit Schafskäse*
anzòne (angiòni): *Lamm*
aranzada: *Gebäck mit Orangenschalen, Mandeln und Honig*
arranassa: *Wolfsbarsch*

belu: *Innereien*
binu: *Wein*
bombas: *Frikadellen*
bottarga: *gesalzener und getrockneter Meeräschen- oder Thunfischrogen*
brozzu: *Ricotta*
burrida: *Katzenhaie süß-sauer mariniert*

Cannonau: *typischer Rotwein*
caprino: *Ziegenkäse*
cardìga: *Bratrost*
cardo: *artischockenähnliche Distelpflanze*
casadinas: *Käsetörtchen*
cashcà: *Cuscus aus Carloforte*
cassola: *Fischsuppe*
casu friscu: *Frischkäse*
cibudda: *Zwiebel*
ciusoni: *kleine Nudeln aus Hartweizengrieß*
cocciula: *Venusmuscheln*
coiettas: *Rouladen*
corbezzolo: *Frucht des Erdbeerbaums*
cordula (cordedda): *Innereienzopf, geröstet*
culingionis (culurgiones): *Ravioli mit verschiedenen Füllungen*

dentixi: *Zahnbrasse*

erbuzzu: *Suppe aus wilden Kräutern*

favata: *Saubohneneintopf*
figau: *Leber*
filindeu: *Schafsbrühe mit Nudeln*
filu 'e ferru: *Branntwein, Destillat aus Trester*
fiore sardo: *Schafs- oder Ziegenmilchkäse*
fregula: *kleine geröstete Grießkügelchen*
fresa: *Frischkäse*
frue (vrue): *Buttermilch*

gattò: *Gebäck aus Mandeln und Honig*
gattuccio: *Katzenhai*
ghisau: *gekochtes Fleisch mit Kartoffeln*
gioddu: *Joghurt*
grive: *Drosseln*

maccarones de busa: *dicke, hohle, hausgemachte Spaghetti*
malloreddus: *sardische Nocken aus Hartweizengrieß*
mendula: *Mandel*
merca: *gekochte Meeräschen, kalt gegessen*
merca (melka): *fetaähnlicher Käse, gesalzen*
miele di corbezzolo: *bitterer sardischer Honig*
mirto: *roter oder weißer Myrtenlikör*
Monica: *Rotwein*
monzette: *kleine Schnecken*
mosciame di tonno: *getrocknetes und gesalzenes Thunfischfilet*
muggine: *Meeräsche*

Nasco: *weißer Dessertwein*

ollu: *Öl*
orziadas: *fritierte Seeanemonen*

panada (impanada): *Teigtörtchen mit Fleisch oder Gemüsefüllung*
panissa: *Brei aus Kichererbsenmehl*
pane carasau: *knuspriger hauchdünner Brotfladen aus Hartweizengrieß*
pane frattau: *Gericht aus pane carasau, Tomatensauce, Pecorino und Ei*
pane guttiau: *pane carasau mit Öl und Rosmarin*
papassinas: *Gebäck*
pappai: *Essen*
pardulas: *Käsetörtchen*
pecora in cappotto: *gekochtes Schafsfleisch*
pecorino romano: *Schafskäse, meist reif zum Reiben*
pecorino sardo: *Käse aus frischer Schafsvollmilch*
peretta: *birnenförmiger Filata-Käse*

pezza (pedda): *Fleisch*
pilau: *Zicklein, mit Speck und Weißwein gekocht und mit Reis serviert*
pistiddos: *Gebäck*
porcheddu (porceddu): *gegrilltes Spanferkel*
purcu assibonau: *Kreuzung zwischen Haus- und Wildschwein*
pruppu: *Tintenfisch*

saba (sapa): *Sirup aus eingekochtem Traubenmost*
sartizzu: *Mettwurst*
schiròni: *Spieß*
scirenga: *Zackenbarsch*
seadas (sebadas): *fritierte Teigtaschen mit Schafskäse gefüllt*
sirbòni: *Wildschwein*
sizigourrus: *große Weinbergschnecken*
sospiros: *Mandelgebäck*
spianadas: *weiches Fladenbrot*
succhittu: *Sauce*
suppa quata (zuppa gallurese): *mit Käse überbackene Brotsuppe aus Schafsbrühe*

tallarinus: *dicke Spaghetti*
tamata: *Tomate*
tappadas: *kleine Weinbergschnecken*
torrone sardo: *Mandelnougat mit Honig*
trattaliu: *Innereien*

ventresca: *Bauchfleisch vom Thunfisch, meistens in Öl eingelegt*
Vernaccia: *typischer Weißwein aus Oristano, meistens als Dessertwein serviert*
Vermentino: *typischer Weißwein*

zafferano: *Safran*

Verzeichnis der Rezepte

Adressen

① *Ristorante Gallura*
Corso Umberto, 145
Olbia (SS)
Telefon 07 89 / 2 46 48
Montag geschlossen
Ferien im Oktober und im Dezember

② *Ristorante Su Barchile*
Via Mannu, 5
Orosei (NU)
Telefon 07 84 / 9 88 79
Fax 07 84 / 99 81 13

③ *Ristorante Su Gologone*
Oliena (NU)
Telefon 07 84 / 28 75 12 und 28 75 52
Fax 07 84 / 28 76 68
kein Ruhetag, Ferien im Januar und im November

④ *Ristorante La Bitta*
Porto Frailis
Arbatax (NU)
Telefon 07 82 / 66 70 80
Fax 07 82 / 66 72 28
Montag geschlossen (nicht in der Saison), Ferien im November

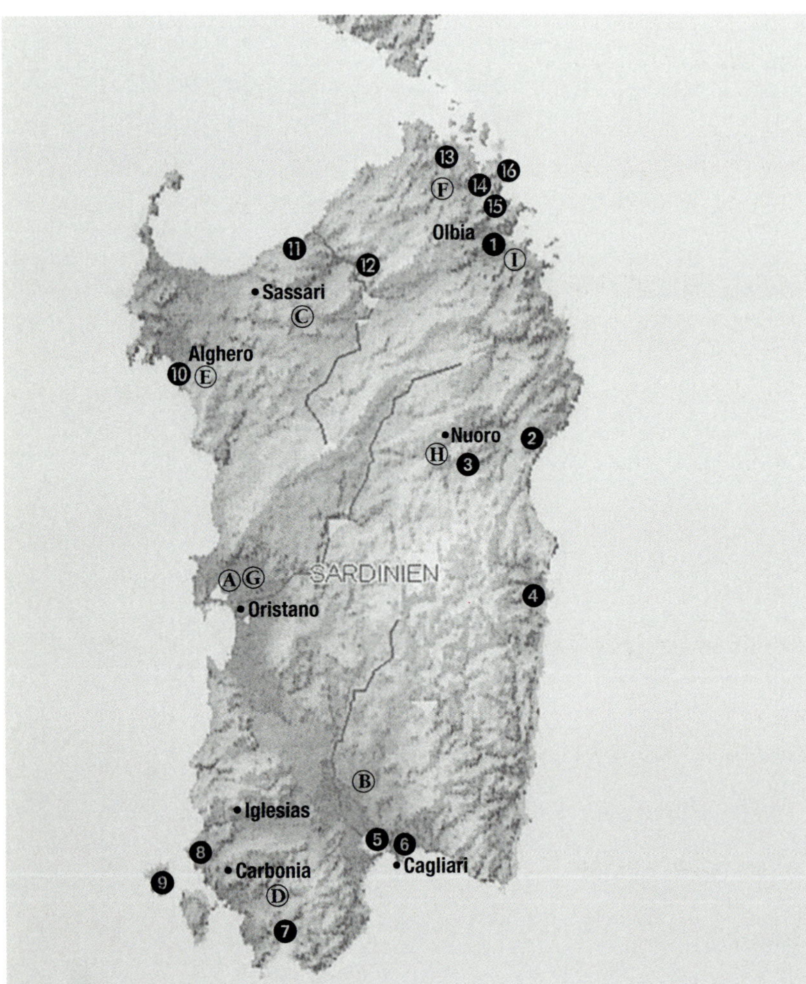

⑤ *Ristorante Dal Corsaro*
Viale Regina Margherita, 28
Cagliari
Telefon + Fax 0 70 / 66 43 18
Sonntag geschlossen
Ferien im August und Weihnachten

⑥ *Ristorante Dal Corsaro*
Porticciolo di Marina Piccola
Cagliari-Poetto
Telefon 0 70 / 37 02 95
Geöffnet von Juni bis September
Sonntagmittag geschlossen

⑦ *Trattoria Da Gianni*
Loc. Porto Budello
Teulada (CA)
Telefon 0 70 / 9 28 30 15
Geöffnet von März bis November
Montag geschlossen (nicht in der Hochsaison)

⑧ *Ristorante La Ghinghetta*
Via Cavour, 26
Portoscuso-Sa Caletta (CA)
Telefon 07 81 / 50 81 43
Fax 07 81 / 50 81 44
Sonntag geschlossen
Geöffnet von Mai bis September

⑨ *Ristorante Da Nicolo*
Corso Cavour, 32
Carloforte (CA)
Isola di San Pietro
Telefon 07 81 / 85 40 48
In den Wintermonaten:
Via Dante, 46
Montag geschlossen

⑩ *Ristorante Il Pavone*
Piazza Sulis, 3/4
Alghero
Telefon 07 99/7 95 84
In der Saison Mittwoch und Sonntag mittag geschlossen
Außerhalb der Saison: Sonntag geschlossen
Ferien im November

⑪ *Ristorante La Guardiola*
Piazza Bastione, 4
Castelsardo (SS)
Telefon 0 79/47 04 28, 47 07 55
Von Oktober bis April Montag geschlossen

⑫ *Azienda Agrituristica L'Agnata*
Loc. Agnata
Tempio Pausania (SS)
Telefon 0 79/67 13 84, nur auf Vorbestellung
Restaurant Dienstag geschlossen

⑬ *Ristorante La Gritta*
Loc. Porto Faro
Palau
Telefon + Fax 07 89/70 80 45
Geöffnet von Ostern bis Mitte Oktober
Mittwoch geschlossen (nicht in der Hochsaison)

⑭ *Trattoria I Frati Rossi*
Loc. Pantogia –
Alto Pevero
Porto Cervo (SS)
Telefon 07 89/9 43 95
Sonntagabend und Montag geschlossen
Im August täglich nur abends geöffnet; Ferien: Weihnachten und Silvester

⑮ *Ristorante Giagoni*
Via Zara, 1
San Pantaleo (SS)
Telefon 07 89/6 52 05, 6 52 90
Geöffnet von Ostern bis Mitte Oktober; Montag geschlossen (nicht im Juli und August)

⑯ *Ristorante Rosemary*
Liscia di Vacca
Porto Cervo (SS)
Telefon 07 89/9 11 85
Geöffnet von Ende Mai bis Anfang Oktober

Weine

A *Azienda Agricola Contini*
Via Genova, 48–50
Cabras (OR)
Telefon 07 83/29 08 06
Fax 07 83/29 01 82

B *Cantine Antonio Argiolas*
Via Roma, 56/58
Serdiana (CA)
Telefon 0 70/74 06 06

C *Cantine Giovanni Cherchi*
Via Ossi, 18/20
Usini (SS)
Telefon 0 79/38 02 73

D *Cantina Sociale di Santadi*
Via Su Pranu, 12
Santadi (CA)
Telefon 07 81/95 00 12 und 95 01 27

E *Tenute Sella e Mosca*
Loc. I Piani
Alghero (SS)
Telefon 0 79/99 77 00

F *Tenute di Capichera*
Capichera
Arzachena (SS)
Telefon 07 89/8 06 12

G *Bottarga Fratelli Manca*
Via G. Cima, 5
Cabras (OR)
Telefon 07 83/29 08 48
Fax 07 83/39 22 44

H *La Pasticceria Artigiana di Monne Luisa e Figlio*
Via Efisio Tola, 26
Via Salvatore Rubeddu, 8
Nuoro
Telefon 07 84/3 55 42

Miesmuscheln

I Coop. S.A.C.I.M.
Loc. Sa Marinedda
Olbia (SS)
Telefon 07 89/6 93 98
Fax 07 89/2 65 54

In Deutschland gibt es (auch frei Haus geliefert) sardische Weine und Inseldelikatessen bei:

Eberhard Spangenbergs »Garibaldi«
Frohschammerstraße 14
80807 München
Telefon 0 89/3 59 02 22
Fax 0 89/3 59 29 29

Il Nuraghe GmbH
Theresienplatz 7
90403 Nürnberg
Telefon 09 11/50 10 91
Fax 09 11/50 45 60

»Bitte, mal mir ein Schaf«

bat der kleine Prinz. Wir wissen nicht, wie Sie einer solchen Bitte begegnen würden. Der Erzähler Antoine de Saint-Exupéry löste die knifflige Aufgabe auf seine originelle Weise. Lothar Wurm, einer unserer Mal-Lehrer, hat wie hier zu besichtigen reagiert. Sollten Sie Lust haben, nach eigenen kreativen Lösungen zu suchen, dann machen Sie doch einfach bei uns mit. Sie wohnen und malen (nicht nur Schafe) in einer noblen Villa inmitten der berückend schönen toskanischen Landschaft, in einem verträumten Palazzo in Venedig oder auf der bezaubernden Insel Elba. Und weil Sie vielleicht schon lange die wunderschöne Landessprache besser lernen möchten, die italienische Küche, italienische Weine und die italienische Kunst lieben, haben wir, zusammen mit den beiden Autoren dieses Buches, weitere besondere Überraschungen für Sie vorbereitet.

Neugierig?

Prospekte und Informationen gibt's bei:

Incontri Culturali e.V.
Isabellastraße 24
80796 München
Telefon 0 89/2 71 65 60, Fax 0 89/2 71 31 16
E-Mail: incontri@t-online.de
www.incontri.de